小論文これだけ！

書き方 超基礎編 2

設問に的確に答える技術

樋口裕一

東洋経済新報社

はじめに――設問に的確に答える技術

現在、さまざまな大学入試で小論文が課されています。

一般入試でも推薦入試でも、小論文が重視されます。それに伴って、小論文試験も難化しているといってよいでしょう。

小論文入試が始まったころは、タイトルが与えられて「○○について論じなさい」というようなシンプルな問題が大半でした。その後もしばらくは、課題文が与えられて「文章の内容について、あなたの意見を書きなさい」といった問題がほとんどでした。

ところが、近年、何をどのように答えればよいのかわからないような小論文問題がたくさん出題されています。

「○○について論じなさい」「文章の内容について、あなたの意見を書きなさい」といった基本的なタイプの問題は少数派になってしまった、といっても過言ではないでしょう。

そのためでしょう。小論文指導を始めて30年が過ぎ、「白藍塾」という小論文指導塾の塾長を務める私のもとに、「このような設問のときには、どう答えればいいのか」という質問がたくさん寄せられます。

受験生から、さらには高校の小論文指導の先生からも、そのような質問を受けます。本文でくわしく説明しますが、現在では、小論文問題の設問が複雑になっています。どう答えていいのかわからなかったり、いくつもの書くべき内容や複数の作業をするような指示があったりすると、せっかく勉強してきた小論文の書き方が通用しないと早合点して、途方に暮れてしまう受験生も多いようです。

しかし、じつは小論文の書き方の基本は同じです。いくつかの基本的な書き方（型）を身につけておけば、あとはそれを応用して書くことができます。

本書では、基本的な書き方を説明したあと、さまざまなタイプの設問に対して、どのように書けばいいのかを重点的に説明します。本書を読むことによって、どんな設問が出ても、「どう答えればいいのかわからない」といったことはなくなるでしょう。

同シリーズの『小論文これだけ！　書き方超基礎編』と併せて本書を読んでいただければ、小論文の基本的な書き方、設問への答え方をすべて理解していただけると思います。

多くの人が本書を読んで、設問に的確に答えられる力を身につけ、合格レベルの小論文が書けるようになることを願っています。

目次

第4章　過去事例集　対応の仕方がわかる！

第5章
練習問題をやってみよう！

第1章

小論文の基本の基本

1 小論文って何？ 作文とどう違う？

まず、**小論文とは、そもそもどのようなものか**について確認しておきましょう。

みなさんは、これまでたくさんの作文を書いてきたことでしょう。ですが、**作文と小論文の違い**については、よく理解していないと思います。

なんとなく「社会問題について意見を述べるのが小論文」「体験や感想などを書くのが作文」というように考えている人が多いと思います。

じつは、小論文と作文には、はっきりした違いがあります。

小論文は「小さな・論じる・文章」であり、「論じる」とは「是非をただす」、つまり、**イエスかノーかをはっきりさせる**ことです。

言い換えれば、小論文というのは**「ひとつの・イエスかノーかを判断する・文章」**なのです。そう考えると、小論文と作文との大きな違いがはっきりわかります。

たとえば、「夏休みの宿題」というテーマで文章を書く場合、作文でしたら、小学校や中学校のころの、夏休みの宿題を出されて苦労した話でも書けばいいでしょう。これまでどんな宿題が出たかをまとめてもいいでしょう。

しかし、それでは小論文にはなりません。

小論文として書くなら、**イエスかノーかを判断する文章でなければなりません**。

つまり、「夏休みの宿題は必要か」「夏休みの宿題をやめるべきか」「夏休みの宿題の読書感想文を出すのはよいことなのか」「夏休みの宿題は読書感想文と自由研究だけにするべきか」といった問題を取り上げ、それがイエスかノーかを判断する文章が小論文なのです。

もちろん、イエスかノーかを判断するだけなら、1行で終わってしまいますので、**なぜそう考えるのかを説明する必要**があります。

とくに、自分と反対意見の人の立場を考慮しながら、説得できるように書きます。

そのような文章が小論文です。

2

小論文は「型」どおりに書く

小論文を書く場合、何よりも論理が重視されます。つまり、論理的に書く必要があるのです。

では、どうすればいいのでしょうか？

最も簡単なのは、**基本的な「型」を身につけて、それに沿って書く**ことです。

そうすれば、本番の入試会場で、どう書こうかと迷うことなく、常に論理的に書くことができます。**「型」というのは、論理的に書くための手順**なのです。

しかも、「型」を身につけておくと、的確に設問に応じた書き方ができます。

樋口式には**「A型」「B型」「C型」**3つの「型」があり、とくに大事な「型」は次の2つです。

A型

最も基本的な型が「A型」です。おそらく多くの人は、これから説明する「A型」を、とくに意識しないまま、ふだんから使っていることでしょう。

この「A型」をしっかりと意識することによって、コンスタントに論理的な文章を書くことができます。

なお、第一部と第二部は、それぞれ段落を分けることもありますし、続けて書くこともあります。

★第一部　短く、最も言いたいことを書く
★第二部　第一部の内容をくわしく説明する

例

私は死刑制度の存続に反対である。

理由は二つある。第一に、法とはすべての国民の生きる権利を保障して、理性的に社会を動かすための体系であるからだ。死刑は、国家が暴力を用いて国民の命を奪うということである。たとえ犯罪者であっても、その人の生きる権利を国家が法の名のもとに暴力によって奪うことは許されない。刑罰を科すことはやむを得ないが、その場合も、命まで奪う必要はない。第二に、死刑を執行後にえん罪であることが判明した場合、取り返しがつかないことになるからである。これまでにも、死刑囚がじつは無実であったとわかったことが何度かあった。えん罪はたびたび起こっている。死刑制度を存続させると、そのような理不尽な事態が起こる可能性が残ることになるのである。

（「B型」も用いることがありますが、あまり使う機会がありませんので、本書では、これについては触れません）

C型

300字を超す小論文の場合、この「C型」を用いることをおすすめします。**実際の入試問題では、ほぼこの「C型」を用いる**ことになるはずです。

第一部　問題提起

全体の**10〜20パーセント**。ここで、問題点を整理して、イエス・ノーを尋ねる問題提起をします。

第二部　意見提示

全体の**30パーセント程度**。イエス・ノーのどちらの立場なのかをはっきりさせる部分です。

ここでは「確かに……しかし……」といった表現を使って、「確かに」のあとに、反対意見についての目配りを書きつつ、「しかし」と切り返して、自分の意見を書くという形をとるとうまくいきます。

こうすることで、反対意見を考慮したうえで判断していることを示すことができ、しかも、論を深めることができます。また、同時に字数を増やすこともできます。

ただし、ここで書きすぎてしまうと、次の第三部「展開」で書くことがなくなってしまいます。

ここでは自分の説と反対の意見を示すことに力を入れて、**「展開」部分で書くこと**

を予告するくらいでやめておくのが、うまいやり方です。

第三部　展開

全体の**40〜50パーセント**。小論文のクライマックスといえる部分です。

第二部「意見提示」でイエス・ノーの立場を示したので、ここではその理由を書きます。

自分の体験などを例として挙げて、イエス・ノーの理由を書いてもいいでしょう。

また、イエスの立場で答えたいときには、そのための対策などを書いてもかまいません。

第四部　結論

全体の**10パーセント以下**。もう一度、全体を整理して、イエスの立場かノーの立場かをはっきりさせます。

努力目標や余韻をもたせるような締めの文などは不要です。

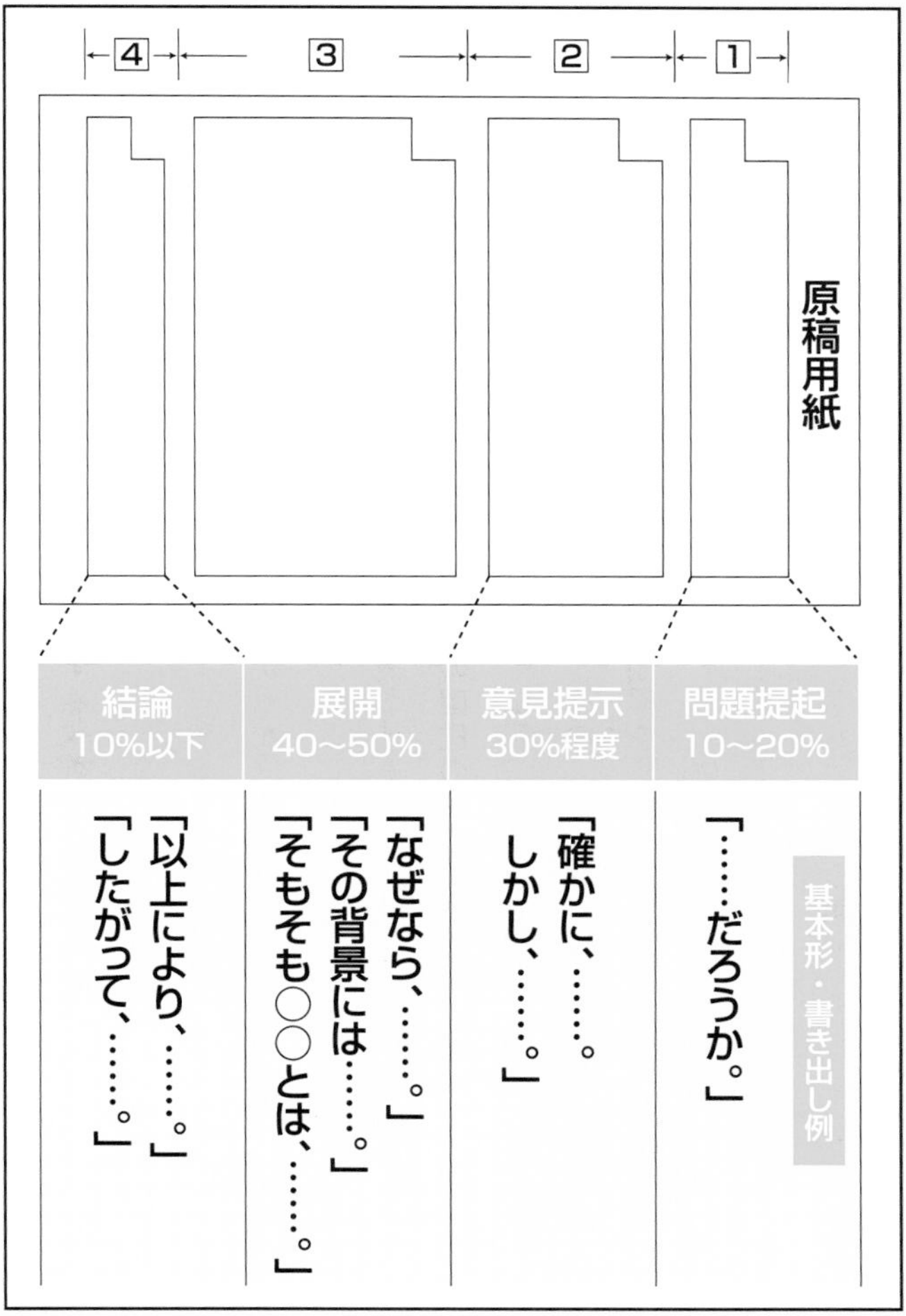
4
3
2
1
原稿用紙
結論 10%以下
展開 40~50%
意見提示 30%程度
問題提起 10~20%
基本形・書き出し例
「……だろうか。」
「確かに、……。しかし、……。」
「なぜなら、……。」
「その背景には……。」
「そもそも○○とは、……。」
「以上により、……。」
「したがって、……。」

例

死刑制度の存続について議論がなされている。先進国の多くは、死刑制度を廃止したといわれる。では、日本でも死刑を廃止するべきなのだろうか。

確かに、殺人事件の被害者の家族や友人にとっては犯人は許し難く、その罪は死にあたいすると思うことだろう。死刑を恐れて、残虐な犯行を思いとどまるといったことも、時にはあるだろう。加害者の人権ばかりが守られて、被害者の人権に配慮しているとは言い難い現状があるので、それについては見直しを行うべきだろう。しかし、感情論を退けて考えた場合、死刑制度を存続させるべきではないと私は考える。

理由は二つある。第一に、法とはすべての国民の生きる権利を保障して、理性的に社会を動かすための体系であるからだ。死刑は国家が暴力を用いて国民の命を奪うということである。たとえ犯罪者であっても、その人の生きる権利を国家が法の名のもとに暴力によって奪うことは許されない。刑罰を科すことはやむを得ないが、その場合も、命まで奪う必要はない。第二に、死刑を執行後に、えん罪であることが判明した場合、取り返しがつかないことになるからだ。これまでにも、死刑囚がじつは無実だったとわかったことが何度かあった。えん罪はたびたび起こっている。死刑制度を存続させると、そのような理不尽な事態が起こる可能性が残ることになるのである。

したがって、私は死刑制度の存続に反対である。

3 現在の小論文問題でよく出題される6つの設問パターン

では、実際の大学入試でどのような小論文問題が出題されているのでしょうか。大学の難易度や学部の特性などによって、現在、さまざまなタイプの小論文問題が出題されています。

❶課題文がなく、論じる内容について指示のある問題

簡単な説明があって、特定の事柄について論じるように指示のある問題です。**最も基本的なタイプ**の問題です。

「2020年度より『プログラミング教育』が小学校において必修化された。プログラミング教育では、プログラミングを介して『問題解決能力』、『論理的思考力』、『創造性』などを育成する。このような教育を小学校から実施することに対するあなたの意見を述べよ」

（大同大学　2022年度）

「これからの多くの産業においてICT技術の活用が有効になると言われている。どのような業種でICT技術が有効となるか例を挙げて考察し、それらが日本社会の持続可能な発展目標（SDGs）にどう関わり得るかについて記述せよ」

（中部大学　2022年度）

❷タイトルが与えられているだけの問題

基本的には、**タイトルが与えられているだけのシンプルな問題**です。

このタイプの問題では、「○○について」というように、名詞に「について」などが付されている場合もあれば、「○○と△△」というように、名詞が2つ含まれていることもあります。

「持続可能な社会」「働き方改革」「食品ロス」
「食品ロス削減について」「夢を実現する方法」「食糧生産と環境問題について」
「貧富の差」「災害と予防」「地域の過疎化」など

❸課題文などの資料が与えられて、論じる内容が指示されている問題

課題文や図表が与えられ、「文章を読んで、○○について論じなさい」というように論じる内容が指示されている問題です。

ほとんどの場合、論じるように指示されている事柄は課題文や図表の中心的な主張ですので、それについて論じることが、課題文のテーマについて論じることになります。

❹課題文や図表などが与えられ、論じる内容については指示がなく、自分で課題文の主張を見つけ出す必要のある問題

❸で説明したような問題とは異なり、**課題文などが与えられているものの、論じるべき内容について指示がありません**ので、**自分で課題文の主張を見つけ出して問題提起をする必要**があります。

課題文の内容によっては、主張があいまいなために、いくつも問題提起が可能な場合もあります。

よく出題される6つの設問

❺受験生の志望理由や個人的な体験などを尋ねる問題

大学でどのようなことを学びたいか、どのような力をつけたいかを尋ねるタイプの問題です。

小論文というよりも、志望理由書や作文に近い問題です。

難関校では、このようなタイプの問題が出ることはまずありませんが、専門学校の入試などでは、しばしばこのようなタイプの問題が出題されます。

「理工学部で、あなたはどのような力をつけたいと思いますか」

「これからの国際社会において、どのような能力が必要だとあなたは考えますか。そして、その力をつけるために、あなたはこの学部でどのようなことを学びたいと思っていますか。500字以内で答えてください」

❻特殊な指示のある問題

そのほか、**工夫を凝らした特殊な問題**もあります。特定の場面を想定して、手紙や企画書、図面などを書くことが求められる問題もあります。

これらの設問を見て、どう思うでしょうか？

シンプルにイエス・ノーの判断を求めている問題が少ないことに気づく人も多いでしょう。

先ほど「型」について説明しましたが、「型」をどのように応用して書けばいいのか迷うような問題も混じっています。

小論文入試が始まったころは、シンプルにイエス・ノーを問う問題が大半でした。そのような問題では、簡単に型に沿って書くことができました。

ところが、だんだんと問題が難しくなり、複雑化して、徐々に**イエス・ノーを直接問う問題が減ってしまった**のです。

しかし、前にも言ったとおり、そもそも小論文とは、ひとつのイエス・ノーを判断する文章なのです。そして、論理的に書くためには、「型」を応用するのが最も効率的です。

ですから、これらの**イエス・ノーを問うようには見えない問題も、やはりイエス・ノーを判断する問題**なのです。少なくとも、それを意識していれば、すんなりと書けるはずです。

くわしくは、次の章から説明していきましょう。

第2章

基本的な設問の答え方をマスターしよう！

この章では、基本的な設問に対する答え方について説明します。

ここで説明するのは次のタイプの設問です。

ほとんどの大学の入試問題の設問は、この4つのパターンに当てはまるでしょう。これを基本、これ以外はやや例外的と考えてください。

なお、ここでは基本的に、自分の意見を書くタイプの問題を取り上げます。たんに説明するだけの問題、志望理由的なことを書く問題などについては、次の章で取り上げます。

1 **課題文がなく、論じる内容について指示のある問題**
2 **タイトルが与えられているだけの問題**
3 **課題文などの資料が与えられて、論じる内容が指示されている問題**
4 **課題文や図表などが与えられているものの、論じる内容について指示がなく、課題文の主張を見つけ出す必要のある問題**

まず、設問に答えるにあたって、次の原則を頭に入れておいてください。

原則

①イエス・ノーの判断が問われているときには、字数が多ければ「C型」、字数が少なければ「A型」を用いる。

②イエスかノーかの形にしにくいとき、またはノーの意見を思いつかないときには、字数が多くても「A型」を用いる。

1 課題文がなく、論じる内容について指示のある問題

簡単な説明があって、特定の事柄について書くように指示のある問題こそが、最も基本的なタイプの問題です。指示された事柄についての知識があれば、最も書きやすいはずです。

では、例題を見ながら、解説していきましょう。

例題

AIなどを活用した自動翻訳の技術が飛躍的に進歩している現代社会において、英語を学ぶ必要があるでしょうか。あなたの考えを述べなさい（800字以内）。

解説

❶どのような「型」を用いるか

800字以内で書くことが求められているので、原則❶に基づいて、「C型」を用いる

のが基本です。

しかも、「英語を学ぶ必要があるでしょうか」という**イエス・ノーの判断を求める問題**が示されているので、**「Ｃ型」を用いると書きやすい**はずです。

もちろん、大学で学ぼうとしているわけですから、結論としては「学ぶ必要がある」と書くほうが好まれるでしょうが、**「学ぶ必要はない」という立場からも考えてこそ、論が深まります**。

第一部で、「英語を学ぶ必要はあるか」と問題提起をし、第二部で「確かに、学ぶ必要がないと思われる面もある。しかし、それでも学ぶ必要はある」と示して、第三部でその理由を示します。そして、最後の第四部に結論を書きます。

❷論を深める

「学ぶ必要がある」という立場の意見としては、次のようなものが考えられます。

- **通訳や自動翻訳は、言葉を発した人の考えや気持ちまでは正確に表せない。英語特有の表現はほかの言語では表せない。**

たとえば、「吾輩は猫である」を「I am a cat」としても、ニュアンスがうまく伝わらない。それと同じように、英語でなければ伝わらないニュアンスはたくさんある。

英語を学んでこそ、その心まで理解できる。

・言語はコミュニケーションの道具であるだけでなく、ものを考えるための基本ツールでもある。

英語を学ぶことによって、英語での思考を知ることができる。

定冠詞と不定冠詞の違い、複数形の使い方などを知ることで、英語を使う人たちの考え方を知ることができる。

・英語を学ぶことによって、日本語だけで考えていた状態から脱することができる。

日本語しか知らないと、日本語での考え方がすべてだと思ってしまいがちだが、英語を学ぶことで別の認識の仕方、別のコミュニケーションの仕方があると知り、別の文化を知ることができる。

それによって、日本文化を客観的に見ることができる。

反対に、「英語を学ぶ必要はない」という立場では、次のような理由が考えられるでしょう。

・ほとんどの人にとって、英語はコミュニケーションをはかったり、ほかの何かを学んだりするための手段にすぎない。それを学ぶ時間を、ほかのもっと専門的なことを学ぶ時間に回すほうが、意義があるといえる。

❸構成する

「型」を応用して、次のような構成で書いていきます。

構成例

第一部　英語を学ぶ必要はあるか

第二部　確かに、英語の理解を自動翻訳などに任せて、ほかの専門的なことの勉強に

その分の時間を回すこともできる。しかし、自動翻訳の助けを借りるにしても、英語を学ぶ必要はある

第三部　言語はコミュニケーションの道具であるだけでなく、ものを考えるための基本ツールでもある。英語を学び、定冠詞と不定冠詞の違いや、複数形の使い方などを知ることで、英語での考え方を知ることができる

第四部　したがって、英語を学ぶ必要があると私は考える

解答例

現在、ＡＩを活用した自動翻訳が飛躍的に進歩している。かなり難解と思われる英語の文章が、瞬時にかなり正確な日本語に翻訳されるのを目にすることも多い。発声した言葉もかなり正確に翻訳できる。これからますます自動翻訳は正確になっていくと考えられる。では、これから先、そのような社会において英語を学ぶ必要があるのだろうか。

確かに、このまま自動翻訳が進歩すれば、英語をまったく理解できなくても不自由せずに外国人とコミュニケーションをとれるようになるだろう。また、英語を学ぶ時間をほかにあてれば、もっと専門的なことを学ぶ時間を増やせたり、ほかの活動に費

やしたりすることもできるだろう。しかし、それでも、やはり英語学習は必要だと私は考える。

英語を学ぶことによって、日本語の思考から離れて世界を見ることができるようになるのである。言語はコミュニケーションの道具であるだけでなく、思考のための道具でもある。人間は基本的に母語を用いて考え、母語の枠組みの中で物事を認識する。英語を学ぶことによって、定冠詞・不定冠詞という考え方があることを知り、日本語では「米」「イネ」「ごはん」と分けてとらえるものが、英語ではすべて「ｒｉｃｅ」であることを知ることができる。そういったことによって、たんなる表面的なコミュニケーションではない、深い心の交流ができるようになると考える。

以上述べたとおり、私は、英語を学ぶ必要があると考える。

Q&Aコーナー

このタイプにはさまざまな問題が出ます。そのため、悩む人が多いようです。次のような質問がよく寄せられます。

Q1

「環境保護についてあなたの意見を書きなさい」という問題が出ました。そこで、第一部で「環境保護をするべきだろうか」という問題提起をしたのですが、環境保護をしないわけにはいかないと思いますので、「環境保護をするべきだろうか」と書くのはちょっと不自然な気がしました。これでもいいのでしょうか？

A1

この質問にあるように、**時々、ノーの視点を示しにくい問題**があります。そのような場合、「型」どおりに「……だろうか」という問題提起をするのは不自然ですね。

そのほか、たとえば、「命の大事さについて書きなさい」というような問題で、「命を大事にするべきだろうか」という問題提起をするのも不自然ですね。

そのようなときには、原則❷で説明したように、最初に**「A型」**を用いて、「これからは環境保護が大事だ」とか「命は何よりも大事である」と自分の意見を書きます。

そして、それを問題提起の代わりにして、それが正しいかどうかについて検証するのです。

第二部からは**「C型」**を用いて、「確かに、これを実現するのは難しい。しかし、環境保護は大事だ」「確かに、命を大事にすると口で言うのは簡単だが、実践するのは難しい」などと書きます。

そして第三部で、「なぜ環境保護が大事か」「環境を保護するためにどのような方法があるか」「なぜ命は大事か」「命を大事にするためにどのようなことをすべきか」といったことを書きます。

そして、最後の第四部に結論を書きます。

Q2

「健康を守ることの大事さについて論じなさい」という問題が出ました。

第二部で、「確かに……」として、反対意見を書こうと思ったのですが、健康を守ることに反対することはできないので、何も思いつきませんでした。そんなとき、どうすればよいでしょうか？

A2

これも、Q1とよく似た質問ですね。

一般的にいえば、**反対意見を思いつかないのは、知識不足のためであることがほとんどです。**

反対意見としてどんな意見が考えられるか、ふだんから関心を向けておくといいでしょう。

ただ、実際の試験問題の場合、「健康を大事にするべきだ」「自然を守るべきだ」「ルールを守るべきだ」といった問題提起に対して、反対意見を示すのは難しいでしょう。

そんなときには、次のように考えます。

❶「確かに、実行することは難しい」「確かに、それを改善するには時間や費用がかかる」「確かに、それを実行するには犠牲が伴う」などと、実行する場合の困難さについて書く

ことができます。

つまり、「国民全員の健康を守るのは難しい。しかしそれをするべきだ」「国民の健康を守るために健康診断を義務化すると費用がかかる。しかし、それ以上に健康を守ることが大事だ」というように書けるわけです。

または、「確かに、かつてはこうだった。しかし、いまはそれが必要だ」「確かに、そのように言う人もいる。しかし、いまではそれは通用しない」というように、過去のことや他人の意見を示すこともできます。

「かつては、健康管理は個人に任されていた。しかし、これからは地域全体で人々の健康を守るべきだ」「健康診断を拒否する人がいる。しかし……」などと書けるわけです。

このように、**何らかの対立軸を示すことによって、論が深まります**。
❷それでも、ノーの視点を見つけるのが難しいときには、**「C型」で書くのをあきらめて、「A型」を用いる**といいでしょう。
最初に結論を書いて、次にその理由や実行するための対策を書きます。

たとえば、「これからは健康を守ることが大事だ」と第一部で書いて、第二部で、なぜ健康が大事か、健康を守るためには集団健康診断を充実させることや、生活習慣病にならないための指導を行うことなどを説明します。

「A型」で書く場合、字数によっては第二部が長くなってしまいがちなので、「第一に、第二に」「理由は二つある」「それを改善するための方法は二つある」などと整理して書くと、論理的になります。

Q3

「環境保護の問題点について書きなさい」という問題が出ました。これは、イエスかノーかを尋ねていると考えていいのでしょうか？それとも、たんに問題点を箇条書きにすればいいのでしょうか？

A3

このタイプの問題は、「小論文」という科目にはなっていても、論じることが求められているわけではありませんので、ここまでに取り上げたような問題とは書き方が異なります。

この問題では、問題点についての「説明」が求められているので、社会科や国語の記述問題と同じように考えてください。

また、「○○の良い点と悪い点について書きなさい」「自然破壊の例を示しなさい」「食品ロスの問題点について説明しなさい」といった問題も同じように考えるといいでしょう。

なお、このタイプの問題については、101ページで「説明型」として解説しているので、その部分を参考にしてください。

2 タイトルが与えられているだけの問題

タイトルが与えられているだけで、「……について論じなさい」というように**論じる内容について指示されていない問題**です。

このタイプの問題では、「○○と△△」というように、単語が2つ含まれていることもあります。

論じる内容が指示されていませんので、自由に考えることができるというメリットはありますが、**自分で何を論じるかを決めなければなりませんので、やや難易度が高い**といえるでしょう。

それでも、はじめに示した原則に沿って考えることができます。

例題を用いて説明していきましょう。

例題

「食品ロス」（600字以内）

解説

❶どのような「型」を用いるか

字数が600字以内ですから「C型」を使うのが正攻法です。

ただし、**原則❷**で説明したとおり、**イエスかノーかの形にしにくいとき、あるいはノーの視点を思いつかないときには「A型」**にします。

この問題の場合はどうでしょう。

多くの人が「この問題はイエス・ノーの形にしにくい」と感じるのではないでしょうか。

確かに、「食品ロスはよくないのか」という問題提起にすると、「よい」という意見を示すのは難しいでしょう。しかし、もう少し考えてみましょう。

次のような手順で考えれば、イエス・ノーの問題提起をすることは、それほど難しくありません。

上手な問題提起の手順

㋐どのようなことが言われているかを考える

このような場合、上手な問題提起をするには、**この話題について、どのようなことが世間で言われているか考えてみる**といいでしょう。

そうすると、「いま食品ロスが増えている」「食品ロスを減らすべきだ」「食品ロスを減らすのは難しい」「食品ロスを減らすためには、賞味期限を延ばすべきだ」などといったことが思い浮かぶはずです。

それを問題提起として使えないかと考えてみます。

たとえば、「いま食品ロスが増えているか」「食品ロスを減らすべきか」「食品ロスを減らせるか」「食品ロスを減らすのは難しいか」「食品ロスを減らすためには、賞味期限を延ばすべきか」などと問題提起をしてみます。

㋑賛否両論があって、調査しなくて済むものを選ぶ

ただし、この場合、「いま食品ロスが増えているか」については、ふつうに考えれば増えているでしょうし、正確に判断しようとすると、詳細に調査する必要があります。

そのような問題提起は、その場でイエス・ノーを論じる入試小論文にふさわしくありません。

賛否両論があって、しかも、くわしく調べなくても済むような問題提起を考えるべきです。

そのためには、価値観や理念、つまり「……できるか」「……するべきか」を論点にするべきです。

この問題の場合、「食品ロスを減らすべきか」「食品ロスを減らせるか」「食品ロスを減らすためには、賞味期限を延ばすべきか」などを問題提起として考えるべきです。

このなかで最も書きやすいのは、「食品ロスを減らせるか」でしょう。

これこそが最も大事なテーマですし、この問題提起でしたら、イエス・ノーの考えがいくつか浮かんできそうです。

なお、「減らせる」という方向で書くほうが好ましいでしょう。

「減らせない」と書いてしまうと、「大学で学んで問題点を解決する」という大学の存在意義そのものを否定することになってしまいます。

「減らせる」という方向で書き、そのためにどのような対策をとるべきかを示すと、説得力のある小論文になります。

❷論を深める

食品ロスを減らすには、事業所（食品を生産する場所、レストラン、スーパーなどの小売店）、家庭でそれぞれ減らす努力が必要です。

それには次のような対策が可能です。

家庭でのロスを減らす
（「食品ロスを減らせる」という立場）

●食べきれないほどの量を買わないようにして、食材を無駄にせずに済むような調理方法、保存方法などを考えて、インターネットなどで公開する。

●ネットワークをつくり、賞味期限の近い商品を譲り合う。
たとえば、アプリなどで地域のグループをつくって、期限切れの近づいた食品が食べきれなくなったら、それを安く（あるいは無料で）譲り合う。

「子ども食堂」などの、食べ物を困っている人に分けられるシステムをつくる。

●賞味期限と消費期限を混同しないで、食べられるものは食べるようにする。
賞味期限というのは、「これを過ぎたら、おいしく食べられなくなる」期限のことだ。

消費期限（「これを過ぎたら、食べないほうがよい」）とは異なり、食べても害になるわけではないので、期限が切れても十分に活用できる。

事業所（小売店やレストラン）でのロスを減らす

（「食品ロスを減らせる」という立場）

●いま、一人暮らしや二人暮らしが増えているのに、数人分単位で食材が売られている。スーパーやコンビニの商品を、一人分、二人分といった少量サイズにする。

●レストランで残ったものを持ち帰ることができるようにする。

●レストランなどで、予約制や定額制を増やす。そうすると、余分に用意しておく必要がなくなる。

●いまは、工場や農場などで、形のよくないもの、傷のついたものなどを規格外品として捨てている。それを安く売るルートをつくる。

「食品ロスは減らせない」という立場

●「モノをたくさん売って、それによって利益を得る」という資本主義社会では、食品もどうしても余分につくってしまう。それを改めるのは難しい。

●政府が企業や一般家庭に命令して食品ロスを減らすことは自由を侵害することになる。企業や一般家庭に呼びかけることしかできないので、なかなか食品ロスを減らすのは難しい。

❸構成する

これまでに挙げたことを次のように構成すると、うまく「型」に沿って書くことができます。

基本的には「C型」で書くことにして、**どうしてもノーの視点を見つけられなかったら「A型」で書く**、と考えればいいでしょう。

「C型」を用いる場合

第一部 食品ロスを減らせるか
第二部 「確かに、簡単にはできないので、時間が必要だ」「確かに、短期的には難しい。しかし、長期的に考えて、かなり減らすことができる」
第三部 食品ロスをなくす方法について書く
第四部 結論

「A型」を用いる場合（ノーの視点を思いつかないとき）

第一部 「食品ロスは減らすことができる」
第二部 食品ロスをなくすための方法について書く

解答例

「C型」の場合

現在、食品ロスが問題になっている。食べるものに困っている人が世界中に大勢いるというのに、多くの食品が捨てられている。では、このような食品ロスを減らすことができるだろうか。

確かに、食品ロスは、大量に消費することが社会発展の証とみなされる現代社会の必然であって、それを改めるのはかなり難しい。しかも、政府が企業や一般家庭にロスを減らすことを命令すると自由を侵害することになるので、呼びかけることしかできない。だが、以下のような対策を徹底すれば、かなり改善できると私は考える。

第一に、家庭での食品ロスを減らすために、アプリなどで地域のグループをつくって譲り合うべきである。賞味期限が近づいて食べきれなくなった食品を見つけたら、アプリで呼びかけて近くに住む人に安く譲ったり、交換し合ったりできるようにする。そして、時には、子ども食堂のようなものをつくって、食事に困っている人たちに食事を提供できるようにするのである。第二に、レストランなどでは、予約制や定額制をもっと増やすべきだと考える。現在は、どのくらいの客が来るかわからないために余分に料理を用意し、余った分を捨ててしまっている。前もって必要な分量がわかっていれば、ロスを減らすことができる。予約制などを増やすことによって、余分に料理を用意しなくて済むようになるのである。

以上のようなことを推進することによって、かなり食品ロスを減らすことができると考える。

解答例

「A型」の場合

現在、食品ロスが問題になっている。食べるものに困っている人が世界中に大勢いるというのに、多くの食品が捨てられているのである。だが、以下のようにすることによって、このような食品ロスを減らすことができると私は考える。

第一に、家庭での食品ロスをなくすために、アプリなどで地域のグループをつくって譲り合うべきである。賞味期限が近づいて食べきれなくなった食品を見つけたら、アプリで呼びかけて近くに住む人に安く譲ったり、交換し合ったりできるようにする。そして、時には、子ども食堂のようなものをつくって、食事に困っている人たちに食事を提供できるようにするのである。第二に、レストランなどでは、予約制や定額制をもっと増やすべきだと考える。現在は、どのくらいの客が来るかわからないために余分に料理を用意し、余った分を捨ててしまっている。前もって必要な分量がわかっていれば、ロスを減らすことができる。予約制などを増やすことによって、余分に料理を用意しなくて済むようになるのである。

3 課題文などの資料が与えられて、論じる内容が指示されている問題

課題文や図表などが与えられ、論じるべき内容が指示されている問題が、現在の小論文問題の主流となっています。

このタイプの問題の場合、設問が2つあって、問1で要約や説明、問2で意見を書くように求められることが多いといえるでしょう。

時には、問1・2をひとつにまとめたような、「要約したうえで、○○についてのあなたの意見を書きなさい」という複数の指示のある問題も出題されます。

ほとんどの問題では、指定されている論点は課題文や図表のテーマですから、**課題文がどのように主張しているかを読み取って、それが正しいか否かなどについて書けばいい**のです。

例題を用いながら、どのように対応するかを見ていきましょう。

例題

カタカナ語は、日本語とは違う異質なものを表すので使いたい場合があることは理解できます。小学三年生の頃、詩を書く課題が出たので、雪について「真っ白いふわふわのドレスを着ているよう」と形容したことがあります。すると、先生から返された詩は、「ドレス」が赤線で消され、「ふつうに『ようふく』といいましょう」と先生の注意が添えられていました。私は「白い雪はおめかししてるから、ひらひらしてる『ドレス』なのに」と不満でした。「雪」の非日常性を表したくて、普段着ではない「ドレス」というカタカナを選んだつもりだったのでしょう。しかし今は、「洋服」という日本語があるのに、と直した先生の気持ちも分かります。

とくに最近は、必要はないのにあえて英語を使い、それも英語の音をものの見事に壊してしまっている例が増えている印象です。「賞」という日本語があるのに、わざわざ「アワード」と英語とは思えない奇妙な音にする。「仮想現実」と言えばすっと分かるのに、「バーチャル」など不完全かつ異様な発音にしてしまう。

日本語を使えば意味は明確になるのですが、「介護」を「ケア」と呼んだりするのは、「介護」と言うと何やら暗いので、介護の現実は変わらないにしても明るい響きになるということでしょうか。実態を覆い隠す意図で使われるのだろうかと疑うくらいです。

それとも、英語を話したい夢が叶わないので、せめてカタカナにすれば、なんとなく英語っぽく、おしゃれな感じになるということでしょうか。でも、それは儚《はかな》い幻想で、大半のカタカナ語は、英語にない和製英語だったり、元の英語と意味がずれていたり、発音がまるで違うので英語ではなく完全な日本語なのです。カタカナ語を分析して元の英語とどれだけ乖離《かいり》しているかを調べることは面白いですが、英語学習の観点から言えば、カタカナ語は助けになるどころか邪魔にしかなりません。

福澤諭吉をはじめとする明治の人々が、たとえばsocietyは「世間さま」とは違う、これまでの日本にない新しい概念だと考え、「社会」という訳語を創り出した努力を思うと、最近は言語を粗末に扱い手抜きばかりだと感じます。これは単なる「日本語の乱れ」ではなく、現代日本における人々の言語意識、あるいはその欠如を象徴的に表しているように感じられます。省エネ語も短縮語もカタカナ語も日本語が貧弱になっている証のようで、多くの日本人の思考の源であり、他の言語を学ぶ基盤になる母語としての日本語の未来が案じられます。

出典：鳥飼玖美子・苅谷夏子・苅谷剛彦『ことばの教育を問いなおす――国語・英語の現在と未来』ちくま新書、2019年（出題の都合上、本文の表記を変更した箇所がある）

設問　カタカナ語の使用についての著者の見解をまとめた上で、それに対するあなたの考えを500字以内で述べなさい。

（愛媛大学・法文学部　2022年度）

解説

❶どのような「型」を用いるか

課題文を読んで、「カタカナ語の使用についての著者の見解をまとめたうえで、それに対する考えを述べる」ことが求められているわけですから、課題文の主張をきちんと読み取って、その見解が正しいかどうか、同意するかどうかを書けばいいのです。

字数は500字以内ですので、「C型」を用いるのが妥当でしょう。

❷課題文の主張を読み取る

課題文の主張をしっかりと読み取る必要があります。

そのうえで、この課題文が最も言いたいことを見つけ出します（課題文を正確に読む方法については、60ページでくわしく説明しているので、参考にしてください）。

この文章はそれほど難しくないでしょう。

簡単にまとめると、「カタカナ語は日本語とは違う異質なものを表すのに役立つ。しかし、現代の日本人は日本語の意味を覆い隠したりおしゃれな感じにしたりするために、必要もないのに英語を使うことが多い。日本語に置き換えないでカタカナ語に頼るのは、日本語が貧弱になっている証だ」とまとめられるでしょう。

つまり、課題文では「カタカナ語は日本語が貧弱になっている証だ」として、その使用を否定的にとらえています。

ですから、「カタカナ語の使用は日本語を貧弱にしているか」とか「カタカナ語を使うべきではないのか」といったことについて考えればいいわけです。

❸論を深める

課題文の見解に賛成・反対の意見を考えてみます。

課題文の主張に賛成して、カタカナ語使用が増えている状況を批判する立場

●カタカナ語の使用が増えると、なんとなくカッコよくて意味のあいまいな言葉を増やしてしまう。
その結果、日本人は言葉を正確に使ってしっかりと思考するという習慣を失ってしまう。

このことは、日本人の思考、そして日本の文化の低迷を招くと考えられる。

●カタカナ語は、それを理解できる人だけのグループを誕生させてしまっている。
グループのメンバーは専門のカタカナ語を使って話をし、グループ以外の人には通じないようになってしまっている。

カタカナ語は日本社会に分断をもたらしている。

●カタカナ語を理解できない高齢者や外国人との間で、コミュニケーションが成り立ちにくくなる。

言葉は多くの人に通じてこそ、意味を持つ。それを怠ったら、日本語は一部の人にしか通じない言語になってしまう。

●本来の日本語が持つ豊かさが失われ、日本という国、日本の文化への尊敬の気持ちが薄れてしまう。

課題文の主張に反対して、カタカナ語使用が増えている状況を肯定する立場

◉カタカナ語は、従来の日本語にはない新しい概念を日本語に増やすメリットがある。これから先、技術革新に関する新しいカタカナ語がどんどん登場してくるだろうが、それをいちいち日本語に訳すのは難しいし、そのような作業をしていたら、技術革新のスピードについていけない。グローバルな社会に適応するためにも、カタカナ語が不可欠だ。

◉カタカナ語の積極的な使用によって、新しい語彙が増え、日本語がさらに豊かになる。同じ意味でもおしゃれに言い直して新しい言葉ができるのは、すべての言語の歴史に言えることである。カタカナ語も日本語なのだから、新しい言葉ができたと肯定的に受け止めるべきである。

課題文の主張に賛成して、「カタカナ語が増えていることを好ましくない」とする立場

第一部　カタカナ語を多用するのは好ましくないのか
第二部　確かに、カタカナ語にはよい面もある。だが、カタカナ語を多用するのは好ましくない
第三部　カタカナ語の欠点。社会への悪影響など（できれば、課題文で触れられていないことを書く）
第四部　したがって、カタカナ語を多用するのは好ましくない

課題文の主張に反対して、「カタカナ語の多用を好ましい」とする立場

第一部　カタカナ語を多用するのは好ましくないのか
第二部　確かに、カタカナ語にはよくない面もある。だが、カタカナ語を多用するのは好ましい

第三部　カタカナ語の長所、社会への好影響などを書く
第四部　したがって、カタカナ語を多用するのは好ましい

解答例

　課題文を要約すると、「カタカナ語は日本語とは違う異質なものを表すのに役立つが、日本語の意味を覆い隠したりおしゃれな感じにしたりするために、必要もないのに英語が使われることも多い。日本語に置き換えないでカタカナ語に頼るのは、日本語が貧弱になっている証だ」となる。では、カタカナ語の多用は好ましくないのだろうか。

　確かに、日本語にするとニュアンスが十分に伝わらない外国語の言葉もある。「レストラン」を「食堂」としたのでは、ニュアンスが違ってくるだろう。だが、おしゃれな感じにするため、実態をぼかす目的で使われているカタカナ語については、あまり使うべきではないと私は考える。

　そのようなカタカナ語がよくないのは、多くの人に正確な意味が伝わらないからである。とりわけ、高齢者は新しいカタカナ語を理解できず、そのような言葉が使われる会話から断絶されてしまう。近年では、役所の公報など、多くの人に知らせる必要

のあるものでも新しいカタカナ語が使われ、コミュニケーションが阻害されている。

高齢化がますます進んでいく日本の社会では、なんとなくわかったような気になるだけで、実際は多くの人が正確には理解できないカタカナ語を用いるのではなく、わかりやすい日本語でコミュニケーションをはかるべきである。

以上述べたとおり、私はカタカナ語を多用するのは好ましくないと考える。

4 論じる内容について指示がなく、課題文の主張を見つけ出す必要のある問題

前項で取り上げたのは、「課題文を読んで、○○について論じなさい」というような、論じる内容について指示のある問題でしたが、ここで取り上げるのは、**課題文が与えられるだけで、論じる内容についての指示がない問題**です。

このタイプの問題では、**論じるテーマを自分で決めなければなりません**。

とくに、課題文が難解であったり、課題文の主張をとらえにくかったりする場合、何について書くかを決めるのに困ることもあります。

例題を見ながら解説しましょう。

例題

つぎの文章を読んで、あとの問いに答えなさい。

（天理大学・学校推薦　２０２２年度）

今日の登山者の多くは、誰もが行くルートにしか行きたがらない傾向がある。夏山一般登山なら百名山ブームが起きた頃からそうだったかもしれないが、そうではない、たとえば冬山の氷壁や岩壁を登るアルパインクライミングの世界でもそうした傾向が顕著になりつつあるように見える。アルパインクライミングというのは登山の中の登山、いわばキングオブ登山といえ、未知で困難なルートを攀《よ》じる＊1ことを精神の中心軸としてつづけられてきた分野だ。このキングオブ登山たるアルパインクライミングを嗜《たしな》む人たちの間でも、たとえば八ヶ岳や南アルプスの有名氷瀑《ひょうばく》＊2ルートに人間が群がるという現象が起きている。もう少し足を延ばせば、もっと面白くて未知性の強いルートはたくさんあるが、そうしたルートは情報が少なく外れの可能性も高いので足を延ばさないのである。

このような現象が蔓延する背景にあるのが、管理される状態への慣れだと私は考えている。管理といっても、別に公安警察に尾行されているわけでもないし、目に見える権力機構にマークされているわけでもない。現代社会の管理は政治権力や行政当局ではなく、もっと目に見えない何かに管理されており、その代表的なものがGPSで道を教えてもらえたり、スマホで常時ネットに接続できて情報検索してすぐに答えが出せる環境だったりする。われわれの間では、たとえば本を買うときもアマゾンのレビュー等を参考にして面白そうな内容のものを選ぶという行動が常態化しているが、これは不要なリスクを避けるという発想にもとづいた行動だ。このような答えを予期できる環境にいれば、危ういものに手を出すリスクは減り、すべてをあらかじめ予想できたとおりに、予定調和に終えることを期待できる（ただしあくまで期待できるだけ。他人の意見は外れも多い。それでもわれわれはそれにすがる）。その結果、発想の時点で、わざわざ情報の少ない混沌とした領域に飛び出して、外れの危険のあるような行動をすることを極端に恐れるようになっている。それが高度情報化社会という現代システムにおける、われわれの管理のされ方である。

そして困ったことに管理されるのは、じつは楽なことでもある。（中略）管理された領域から外に飛び出せば混沌とした世界が広がっており、自由を得られるが、しかし本当の自由というのはすべてを自力で判断、処理しなければならないので、じつはかなり苦しくて、しんどい状態だともいえる。少なくとも楽なことではないし、快適な状態とはいいがたい。失敗も多い。たぶん現代人はこのしんどい自由を放棄したがっている。自由を失って管理されるといっても、戦前のように軍部や特高警察に力ずくで管理されるわけではなく、グーグル、スマホ、ＧＰＳというものいわぬ情報通信インフラが柔らかくわれわれの周辺環境を包み込むだけである。管理されるわれわれのほうとしても、ピコピコと検索ワードを打ち込み、あたかも主体的な行動を起こしているように動作しつつ管理されているから、管理されているという実感がほとんどない。現代における管理は、日常をとりまく周辺環境が見えない深部でわれわれを管理するといったものになっており、かなり心地よい管理環境が整っているといえる。だから登山の世界でもネットで検索して記録が出てくるルートにばかり人が集まり、外れる可能性があるルートにはほとんど誰も行かなくなった。本来なら社会的異分子の集まりである登山界の、しかもキングオブ登山であるアルパインクライミングの世界でさえそうなのだから、こうした現象は日本全国津々浦々、端の端まで蔓延しているにちがいない。少し登山をしただけでそういうことが見えてくるぐらい、この社会はどっぷりと管理に浸かっている。

自由は面倒くさい。自由みたいに自分で判断しなければならない苦しい状況に比べると、管理世界にいるほうがはるかに楽である。現代人にとって自由は不要となってしまったように、私には見える。

だが、私はそうした管理される状態を望む時代の傾向に抗《あらが》いたいと思っている。自由には今でも人間が闘って獲得するだけの価値があると思うし、実際、私が冒険的行動をやめられないのも、自然の中で感じられる自由に生きていることそのものの秘密があるように思えるからだ。

出典：角幡唯介『新・冒険論』集英社インターナショナル
注＊1：すがりつくようにして登る。

＊２：滝が氷結すること。また、氷結した滝のこと。

問１　この文章を３００字以内で要約しなさい。
問２　この文章に対するあなたの考えを４００字以内で述べなさい。

解説

❶どのような問題提起をするか

問1は、要約問題です。要約の仕方などについては50ページを参考にしてください。

問2では、「この文章に対するあなたの考え」を書くことが求められていますが、何について論じるか指示がありません。ですから、何を取り上げるかを自分で決めなければなりません。

課題文をしっかり読んで、どのような問題提起にして論じるかを考える必要があります。

その際、課題文のテーマを読み取って、それについて問題提起をするのが基本です。

問1の解答例を兼ねて、この文章の内容を要約すると、次のようになります。

「現代では、スマホなどで情報を手に入れて、危ういものに手を出さずにあらかじめ予想できたとおりに、すべてを予定調和に終えようとする傾向が強い。本当の自由というのは、前もっての情報に頼らずに、すべてを自力で判断、処理することなのだが、このようにすでに予想したとおりのことをするように、私たちは管理されている。自分で危ういものを試してみることはラクではないが、現代人はこのしんどい自由を放棄したがっている。自分から自由を失って管理されている。自分で主体的にそうしているので、管理されているという実感もない。しかし、私はこの傾向に抗いたいし、冒険的行動をやめられずにいる。自然の中で感じられる自由に生きていることそのものの秘密があるように思えるからだ」

もっと簡単にまとめると、この文章が主張しているのは、「現代人は、前もって情報を手に入れて、予定どおりに事を進めようとする。だが、人間というものは、自分で危険なことに触れてこそ自由でいられる。だから、現代人は、前もって情報を手に入れることで自由を自ら手放し、管理されていることになる。それはよい生き方ではない」ということです。

ですから、そう考えると、問題提起として適当なのは、次のようなものです。

「前もって情報を得て冒険しないのは、管理されていることになるのか」
「前もって情報を得て冒険しないという管理された状態は、好ましくないのか」
「現代人は、情報にばかり頼らずに冒険するべきなのか」
「現代人は、情報などに管理されているのか」

課題文で少しだけ触れられていることについて論じても、的外れになってしまいます。たとえば、この例題の場合、次のようなものは、課題文の主要な主張ではありませんので、問題提起にするべきではありません。

✕✕

「山登りの際、未知のルートを行くべきか」
「管理されずに生きるのは、本当に面倒くさいか」

❷論を深める

課題文の主張に賛成の立場、反対の立場には、次のような意見があります。

課題文の主張に賛成して、「人間は情報に管理されてしまっているので、情報に頼らずに冒険するべきだ」という立場

●人間は、新しいことに挑戦して、それを自分で解決することで徐々に自分の価値観をつくり上げていく。

そのようにして、誰からも管理されない自分を築く。

ところが現代人は、前もって知識をもたらされ解決法まで教えられるので、自分の価値観を築く必要がない。

そのために、自由を手放し、他者の言いなりになってしまっている。

●情報にはほとんどの場合、発信する人の価値観が入り込んでいる。したがって、情報に頼って行動するということは、他者の価値観に動かされていることになる。本当に物事を理解し、自分の考えにもとづいて行動するには、情報に頼らずに自分の頭で考えるしかない。

●現代人は、ネットなどの情報だけでなく、他者の目、そして教育によっても管理されている。他者の目を気にするあまり、自分の考えを全うできない。

たとえば、感染予防のためのマスクを着用する必要がないと思っても、他者に非難されるのを恐れてマスクを着用する。

このように自分の価値観で行動できず、他人の価値観に左右されている面が大きい。

そのような状況を改めて、自分の価値観で行動してこそ、自由になれる。

課題文の主張に反対して、「情報を前もって手に入れるのはよいことだ」という立場

●情報を前もって取得して、安全に物事を運ぶのは最も合理的な方法だ。たくさんの情報を集めて分析し、そこから自分の解決法を見つけ出すのが望ましい。そうすることで、以前の人よりも高い成功をもたらす可能性がある。冒険をして自分で模索すると、失敗する確率が高く、結局、これまでやった人と同じことしかできないことになる。

●情報には歪んだ価値観が含まれていることがあるので、正しい情報を見分ける必要があるが、すべて自分の頭で最初から考えるのは事実上無理である。

情報を精査して、自分の価値観でそこから選択して行動してこそ、自由でいられる。情報の利用を否定していると、大事な情報に触れられず的確な判断ができなくなる。

◉管理という言葉を使うとすれば、人間のほとんどの行為が管理されているということになってしまう。

教育、情報、利便性のほとんどが、自分で判断しないで他者にゆだねられているという意味で、管理されていることになる。

だが、それはより快適に過ごし、自分らしさを発揮するためのものであるから、それを管理と呼ぶことはできない。

そうしない自由が確保されているのであるから、それは管理ではない。

❸構成する

400字以内なので、**一般的には「C型」**で書くことをおすすめしますが、**自分の主張の根拠を書くのにかなりの字数が必要**だと考える人、また、**反対意見を書くのが難しい**と考える人は**「A型」**にするといいでしょう。
なお、字数が少ないので、「C型」を用いた場合でも、段落は2つか3つにおさめるとよいでしょう。

「C型」を用いる場合

第一部　「情報過多のせいで管理されているという主張は正しいだろうか」
第二部　「確かに、管理されている面もある。しかし、むしろ情報によってこそ、自由でいられる」
第三部　情報を前もって得るのは、むしろ好ましいことだという根拠を示す
第四部　結論

「A型」を用いる場合

第一部　「情報過多のせいで管理されているという主張に私は同意する」などと主張する
第二部　その理由を示す

解答例

「C型」を用いた場合（必ずしも4段落にする必要はない）

現代人は情報過多のせいで管理されているというのは事実だろうか。

確かに、情報を得るのを自分の判断でやめることができるし、主体的に情報集めを行っているので、それを管理と呼ぶのは少々乱暴な面はあるが、現代人が自ら進んで管理される状態にいることは間違いない。情報を前もって取得して、安全に物事を運ぶのは最も合理的な方法だ。たくさんの情報を集めて分析し、そこから自分の解決法を見つけ出すのが望ましい。たとえば、旅行などでも、決まりきった行程をこなすのでなく、自分で事前に集めた情報を参考にして土地を回ってこそ、その土地を知り、人と交わり、自分を変えることができるのである。冒険をして自分で模索すると、失敗の確率が高く、結局、これまでやった人と同じことしかできないことになる。それではむしろ自由とは言えないのである。

解答例

「A型」を用いた場合

私は課題文にあるように、現代人は情報過多のせいで管理されていると考える。

人間は、新しいことに挑戦して、それを自分で解決することで徐々に自分の価値観をつくり上げていく。そのようにして、誰からも管理されない自分を築く。たとえば、旅行をするとき、ガイドブックなどに載っている誰かにつくってもらった行程どおりに歩いて、すすめられた名所を見ても、新たな発見はなく、それによって自分が変わることはない。だが、目的地だけを決めて、自力で苦労しながらたどり着くと、その土地の魅力を知り、その土地の人物と触れ合い、それによって自分がたくましくなったり、コミュニケーション力をつけたりして、新たな自分を築くことができる。現代人は、前もって知識をもたらされ解決法まで教えられるので、自分の価値観を築く必要がない。そのために、自由を手放し、他者の言いなりになってしまっている。

コラム

課題文のテーマから外れる指示のある問題への対応

これまでおもに、論じる内容について指示のある問題について解説してきました。これまで解説した問題は、課題文のテーマについて論じるように指示のある問題でした。ところが、時に、**課題文のテーマではないことについて論じるように求められる問題**が出題されることがあります。

近年、そのようなタイプの問題が増えているのです。そのような問題にあたった場合、多くの受験生は何を書いてよいのかわからずに悩んでしまうことでしょう。そのようなタイプの問題について、例題を参考に、説明しましょう。

例題

次の文章を読んで、医療の役割についてあなたの意見を述べなさい。

友人がこのほど喉頭ガンで亡くなった。私より3歳年下の64歳である。

高校の数学の元教師で、同じく高校の国語の教師だった奥さまと二人で旅を楽しんでいた。奥さまは、5年ほど前に子宮ガンで亡くなった。友人は、奥さまを亡くしたあと、一人暮らしをしていた。

友人は自分がガンにかかっており、余命いくばくもないと知ると、仕事をやめて、国東半島の写真集づくりにとりかかった。国東半島は大分県の瀬戸内海に突き出た半島である。奥さまのご両親の育った土地とのことで、夫婦で何度か訪れたことがあったらしい。そして強い感銘を受け、半島内に点在する仏像や地蔵をゆっくりみたい、その歴史を調べたいと夫婦で話していたという。ところが、なかなかまとまった休みが取れず、望みを実現できずにいるうちに奥さまは亡くなった。友人は自分が死ぬ前に、写真をまとめ、歴史を調べて一冊の本にしたいと思い立ったのだった。

私の手元に小冊子がある。友人が残した自費出版の本だ。さまざまな仏像や地蔵の写真が100枚以上。そして調べられた限りの国東半島の歴史がまとめられている。友人は体調の悪化にも負けず、医師が引き留めるのもかまわずに九州に繰り返し出かけて、写真を撮り、図書館などにも通って歴史を調べ、自分なりの解釈を加えて文章を書き、一冊の本を完成させた。写真の素人であり、文章を書くことについても歴史学についても同様にまったくの素人である友人は、寝る間も惜しんで著作に励んだという。この本は地方紙にも取り上げられ、歴史学者からもその労作ぶりが称えられていた。だが、本が印刷所から届いたときには、すでに友人は意識をなくしていた。

これこそが友人の最後にやり遂げた仕事だった。

解説

❶どんな問題提起にするか

課題文では、自分がガンにかかって余命いくばくもないと知って、最後の仕事として亡き妻と話題にしていた地域の写真集づくりにとりかかり、見事につくり上げた人物について語られています。

これを読んで、「医療の役割」について考えを書くことが求められています。

課題文では医療の役割については何も触れられていないので、これに対して何を書けばいいのか、何を書くことが求められているのか、わからずに困ってしまう人も多そうです。

このような問題の場合、どのような問題提起にするかを考える必要があります。

そのためには、次の手順で考えるといいでしょう。

★筆者が、問われたことについてどう考えているかを明確にする

課題文の筆者が、問われたことについてどのように考えているかを明確にしてみましょう。

その際、問いに含まれている用語を用いて、課題文の内容を言い直してみるように考えれば、うまくいくでしょう。

この例題の場合、語られている人物は、延命することを願うのではなく、医師から引き留められてもそれを拒んで、したいことをして余生を過ごしました。そして、筆者はその様子を肯定的に描いています。

つまり、この文章の筆者は**「医療の役割は、患者を延命させるために、無理やり病院で治療を受けさせることではない」**と考えているようです。

★そのテーマについてどのようなことが言われているかを考えてみる

もう少し考えを深めてみましょう。そのためには、扱われているテーマについての知識が必要です。

この文章では、ガンで亡くなった人物が描かれています。

つまり、**終末期医療**が扱われています。終末期医療について、世間ではどんなことが言われているか、どんなことが問題になっているかを考えてみます。

医療にとくに関心のある人でなくても、終末期医療について、おもに2つの考え方があることを知っておく必要があります。

ひとつは**「最後まで患者を生かすためにできるだけ医療を施すべきだ」**という考え方です。この考え方のことを**「SOL」**（「Sanctity Of Life」の略で**「生命の尊厳」**という意味）といいます。

もうひとつは**「患者を無理に延命させるのではなく、自分らしく生きることができるようにサポートするべきだ」**という考え方です。この考え方のことを**「QOL」**（「Quality Of Life」の略で**「生命の質」**と訳されます）と呼びます。

この文章で紹介されている人物は、**「延命させることよりも、充実した生活を送ることを重視した医療であるべきだ」という「QOL」の考えに基づいて行動しているといえる**でしょう。

つまり、この文章の筆者は**「SOL」ではなく「QOL」を重視した考えに賛成してい**

るのです。

こう考えれば、課題文を読んで、「医療の役割」について何を書けばいいのかわかるでしょう。

「終末期の患者に対して、あくまでもSOLを重視し、延命させることを最優先にして、患者を安静に過ごさせることを目指すべきか、それともQOLを重視し、延命させることよりも本人が人生を満足いくものにできるようにサポートするべきか」というような問題提起にするべきなのです。

❷論を深める

課題文の考え方に賛成する意見としては、

「医療の目的は、患者が自分らしい生活を取り戻すことにある。そして、患者が生きる力を取り戻して以前のように生活できるように手助けするのが看護の役割である。したがって、患者が自分らしく生きられることを目的としない治療をするべきではない」

「医師は患者と相談のうえで、できるだけ患者の希望に沿うのが望ましい。医療の主体は患者である。その原則に沿う限り、患者の生き甲斐を奪う医療を施すことはありえない。

これからは、患者が自分の希望どおりに生きていけるように看護を重視するべきだ」などの意見が考えられるでしょう。

ＳＯＬを重視するべきだという立場では、

「医師はいかなる場合も患者を懸命に治療する義務がある。それをしないということは、義務を怠り、患者の命を意図的に縮めることになる。患者が命を縮めることにつながる最期を望んだとしても、医師は助言して、命を大事にするように説得するべきである」

という意見が考えられます。

解答例

課題文では、ＱＯＬを重視して自分の人生を全うした人物を紹介している。私は医療の役割とは、患者が満足できるような人生を送ることをサポートすることだと考える。

確かに、患者を延命させることは医療の大事な役割である。もし患者が命を縮めることにつながるような行為をしていたのなら、それをやめるようにできる限りの説得を行うのが医療関係者としての義務である。医師とはそもそも患者の命を救うための存在なのである。しかし、ＱＯＬを重視してこそ、患者の役に立つ医療であると考える。

医療の目的は、患者が自分の価値観に合った自分らしい生活を取り戻すことにある。患者が幸せに生きることを目指すのが医療の目的なのである。したがって、患者が望まない寝たきりの状態を強いるような治療を行うべきではない。医療の主体は患者本人であるから、患者の希望に沿って、その最も好む生き方、そして死に方を選ばせるべきである。医療従事者はそのように患者の希望を叶えるように努力するべきである。以上のように、私はＱＯＬを重視し、患者の生き方を尊重するのが医療の役割だと考える。

類題

次の文章を読んで、外国語を学ぶうえで大事なことは何か、あなたの意見を書きなさい。

５年ほど前の冬のことだ。仕事で初めてフランスのナントという大西洋沿岸の都市を訪れた。仕事が早く終わったので、最終日、同僚と二人で市内観光に繰り出した。素晴らしい街だった。旧市街は全体がまるで美術館のようだった。同僚と二人、徒歩で見物した。

小さな街なので、市街地はすぐに見終わって、街外れを歩いた。人の気配がなくなり、通りの向こう側には寒々とした公園が広がっていた。

狭い道を出て広めの道を渡ろうとしたときだ。何を思ったか、同僚が道に飛び出した。あとで聞いたところ、同僚は道を渡る際、日本にいるときの癖で、右側を確認して車が来ないと思って歩き出したという。ところが、日本と逆で車が右側通行のフランスでは、歩行者は道路を横断する場合、まず左側を確認しないと危険だ！　同僚の体を車がかすった。はねられたわけではない。かすっただけだった。車は何事もなく通り過ぎて行った。だが、同僚はバランスを崩した。運の悪いことに、道路の脇は窪地になっており、その先に公園の柵があった。同僚はふらふらと窪地に落ち、そのまま公園の柵に激突して倒れた。あっという間の出来事で、横にいながら、私は何もできなかった。

同僚は額から血を流して柵の横に倒れている。声をかけたが返事がない。周囲にはだれもいない。車はとっくに走り去っている。

私は大声をあげて、助けを呼んだ。公園のほうから若いカップルが歩いてきた。私は二人のほうに駆け寄った。私はフランス語はほとんど話せない。英語も得意ではない。それでも、フランスに来るというのでほんの少しだけ勉強したフランス語と、もともと得意ではなかった英語と、日本語と、そして何よりもボディランゲージで必死に話した。「同僚が車に接触して倒れた。意識がないようだ。病院に連絡してくれ」何とか通じたようで、携帯電話で連絡をとってくれて、5分もたたないうちに救急車が到着した。そこでも私は係員に、同僚の状況を説明した。救急車に一緒に乗り込み、病院に行った。病院でもまた説明した。同僚が治療を受けている間、警察官がやってきて尋問を受けた。ここでもめちゃくちゃな言葉で話をしたが、どうやらわかってくれたようだった。

同僚は脳震盪《しんとう》を起こしただけで、すぐに回復した。２日間の入院で済み、予定通り、帰国できた。

これが私の海外での活躍の顛末《てんまつ》だ。

解説

これも例題と同じタイプの問題です。

課題文には、フランスで観光中に事故にあった同僚を助けようと奮闘した話が書かれています。やさしい文章ですから誰もが容易に理解できるでしょう。

ところが、「外国語を学ぶうえで大事なことは何か」と問われています。多くの受験生が戸惑うことでしょう。

課題文には、外国語を学ぶうえで大事なことについて一言も書かれていません。外国語を学ぶということも課題文のテーマではありません。

「いったい何を書けばよいのだろう」と多くの受験生は頭を抱えるでしょう。

この文章には、**「私」が同僚の状態をわかってもらおうと必死に伝えようとしている様子が書かれている**ことに気づくはずです。

つまり、この文章の筆者が主張しているのは、「人にわかってもらうには必死に伝えようとすることが大事」ということなのです。

この文章の内容を、「外国語を学ぶうえで大事なのは……」と言い換えてみるとわかりやすいでしょう。

一般に、外国語を学ぶうえで何が大事と言われているか、思い出してみましょう。

「文法が大事」「本を読むことが大事」「正しく会話することが大事」といったことともに、「何よりもコミュニケーションをはかろうという気持ちが大事」と言われていることとも思い出すかもしれません。

この文章の筆者に「外国語を学ぶうえで最も大事なのは何だと思う？」と尋ねたら、きっと「外国語の勉強をするうえで大事なのは、文法を勉強したり、暗記したりすること以上に、何よりも伝えようという意欲だ」と答えることでしょう。

ですから、それを問題提起にすればよいのです。

賛成意見としては、次のようなことが考えられます。

「伝えようというコミュニケーション意欲こそが外国語を学ぶうえで大事なことだ。これがあるから、外国人と相互理解をしたいと考え、語学の勉強が進み、国際交流に役立つ」

「伝えようという意欲がないと、語学を学ぶことに意味を見出せず身につかないため、それを使って外国人と共同作業することができない」

逆に、反対意見としては、

「伝えようという意欲よりも、外国文化をもっと深く知りたいという意欲のほうが大事だ。伝えようと思うだけなら、ボディランゲージなどでもできる。文化をもっと深く知りたいと思うからこそ、語学を学ぶことにも関心を持つようになる」

「最も大事なのは、言葉に対する好奇心である。なぜ英語には冠詞があるのか、日本語とどこが違うのかというような好奇心がわくから、学ぶ意欲もわく」

などが考えられます。

これらを**「C型」**でまとめればいいでしょう。

ただ、「外国語を学ぶうえで大事なことは何か」と、あなたの意見が求められているわけですから、最初に「私はこう考える」と自分の意見を示し、それが妥当であることを検証する形をとるのが望ましいでしょう。

解答例

この文章の「私」は、外国語がわからないのに必死になって状況を伝えようとしている。ここからもわかるとおり、外国語を学ぶうえで最も大事なのは、伝えようという意欲だと私は考える。

確かに、外国文化を知りたいという意欲も、外国語を学ぶ原動力にはなるだろう。『ハムレット』に感動して英語を勉強したいと思った人もいるだろうし、韓流ドラマに出演する俳優に憧れて韓国語を学ぼうとする人もいるだろう。その人たちは、文化を味わうことを目的としている。しかし、私は自分の考えや気持ちを人に伝えようとすることこそ、外国語を学ぶうえで最も大事だと考える。

「伝えたい」というコミュニケーション意欲こそが、外国語を学ぶ基本である。これがあるから、外国人と話をし、相手の考えや気持ちを理解し、それに対して自分の考えを示すことができる。このようにして、外国人と相互理解を行い、それが国際交流へと進んでいく。一方的に外国語や外国文化を受け取るだけでは、語学の勉強は進まない。「伝えたい」「伝え合いたい」という意欲があってこそ、語学を学ぶ意味があるのである。

以上述べたとおり、伝えたいという意欲が外国語を学ぶうえで最も大事だと私は考える。

第3章

わかりにくい設問は、こう対応する！

大まかに言って、日本の大学入試の小論文問題の大半が、第2章までに説明したタイプの設問と考えていいでしょう。

難しい問題、やさしい問題などさまざまですが、設問のパターンとしては、それらがほとんどです。

しかし、そうはいっても、基本のパターンから外れた設問も少なくありません。

小論文という科目名になっているのに、小論文といえるのかどうかわからないような問題や、何を書くことが求められているのかわからない問題、どう書けばよいのかわからない問題も出題されます。

この章では、そのようなわかりにくい設問について解説します。

1 提言型

近年、増えているのが**提言型の設問**です。

「地域を活性化させるために、どのような方法があるかを示しなさい」

「どのような対策があるかを示しなさい」

「○○対策について提言しなさい」

「あなたなら、このような場合、どうしますか」

といったような問題です。

以前はこのタイプの問題はめったに出題されなかったのですが、徐々に増えて、近年では小論文問題の典型的な形式になっています。

このタイプの小論文問題は、一見、イエス・ノーの形では答えられないと思いがちです。

しかし、前にも述べたとおり、論じるということはイエスかノーかを判断することですから、このタイプの問題も基本的には、イエス・ノーの形を応用して答えることができます。

したがって、**字数が多めのときには、「C型」を用いるのが原則**です。

第一部で端的に自分の考えを提言します。

そして第三部で、それが正しいことを検証する形をとります。

その前に第二部で、「確かに、それを実行するのは難しい（遠慮してしまう。判断が難しい）。しかし、この提言が最も効果的だ」などとして、自分の提言の受け入れにくいと思われる点を示します。そして第三部で、自分の提言がいかに正しいか、具体的にどうするかなどを説明し、最後の第四部で結論を述べます。

ただし、**字数が少ない場合、あるいはノーの視点を思いつかない場合には、「A型」を用いる**こともできます。

その場合には、第一部で「私ならこうする」と、自分なりの提言を端的に示します。

そして、第二部で、それについてくわしく説明します。

「第一に、第二に」というように整理して書くといいでしょう。

例題を見ながら、解説しましょう。

例題

問題文を読み、以下の問いに答えなさい。
（横浜商科大学・商学部　２０２２年度　設問を一部省略）

コミュニケーション力を見極める際に基本となるのは、お互いの会話を絡ませることができているかどうか、という点である。一人で話している間はまともな話をすることのできる人の中にも、相手の発言と自分の発言とを絡めて話すことのできない人は意外に多い。こちらの話をまったく聞いていないかのような話の持って行き方をする人がいる。そのような人の特徴としては、次のようなポイントが挙げられる。

一つ目は、質問をあまりしない。相手のことに、あまり関心がないのだ。たとえ質問をしたとしても、それは見せかけだけで、すぐに自分の話をし始める。

二つ目は、人の話を途中で遮《さえぎ》る。自分の話は延々と時間をとってするくせに、人が話し始めると途中で遮ってしまう。これは、ボールゲームで言うと、ボール・ポゼッション（保有）の意識が低いということだ。自分がどれだけボール（話す時間）を持っているのかを意識していないと、チームメイト（話し相手）にボールをまわさなくなる。子ども同士の遊びでも、球を友達にまわさずに、一人で保有している子どもがいたら周りから注意されるだろう。話をしているということは、ちょうどボールを持っているのと同じ状態だ。ボールゲームは皆で楽しむものだ。会話も球を意志的にまわさなくてはゲームにならない。

（中略）

三つ目は、人が使った言葉を上手く使いこなすことがないということだ。会話をしていると、それぞれが使うボキャブラリーというものがある。相手が慣れ親しんでいる言葉をこちらがその場で上手に使いこなすことができると、コミュニケーションは格段に深まるのだが、これを意識して行っている人は少ない。反対に、自分の使うボキャブラリーが上手に相手の話す文脈に組み込まれると、会話が絡み合っているなと感じるものである。

（中略）

相手の話をきちんと聞く習慣がなく、自分の得意ネタを話し続ける人を、私は「人間ジュークボックス」と呼んでいる。ジュークボックスというのは、かつてお酒を飲むバーのようなところにあったミュージック・マシンだ。コインを入れK—3とか、F—2といった記号を押すと、その記号にセットされている音楽が鳴り出す。あらかじめセットされている曲しか流れない。自分の話ばかりしたがる人の中には、自分の中にあらかじめセットされている話を反復する傾向があるのだ。

相手が変わっても同じエピソードを繰り返し話す人がいる。そうした人にとって会話の相手は、「話のジュークボックス」の記号ボタンを押す役割のためだけに存在する。

ジュークボックス化は、一つひとつの話がつまらないということとは関係がない。文脈に沿っていない、相手の話したいことと絡んでいない、ということが問題なのである。

出典：齋藤孝『コミュニケーション力』岩波新書、2004年

問1　問題文全体を300～340字で要約しなさい。

問2　あなたがグループの司会者だとする。対談中に「人間ジュークボックス」タイプの人がいた際、どのような状況が想定され、司会として「会話を絡ませる」

ため、いかなる対処（措置・配慮）が出来るか、３００～３６０字で書きなさい。

解説

「あなたならどうするか」というタイプの提言問題です。

この文章の読解はそれほど難しくないでしょう。

この文章は「A型」で書かれています。

第一部で「コミュニケーション力を見極める際に基本となるのは、お互いの会話を絡ませることができているかどうかだが、それができない人が意外に多い」と書いて、第二部で、そういう人の特徴を3つに分けて説明しています。

この文章のキーワードは、設問にもあるとおり**「人間ジュークボックス」**です。

課題文の中にも説明がありますが、ジュークボックスというのは、かつて喫茶店や酒場などに置かれていた音楽を流す機械です。コインを入れて曲を選ぶと自動的に中のレコードが再生されて、曲を聞くことができました。

つまり、「人間ジュークボックス」というのは、**いくつかの自分が興味のある話題**（課題文では「得意ネタ」という言葉が使われています）**ばかりを話して、相手と対話しない**

人のことを指しています。

このような、自分が興味のあることしか語らない人がグループにいた場合、会話を絡ませるために、どう対処するのかを考えることが求められています。

たとえば、

「ほかの人に発言してもらって、ジュークボックスのような人に、それについてどう考えるかを尋ねる」

「すべての人に、自分の前に語った人の意見についてどう考えるかを中心に語ってもらう」

「中心的な話題について全員で語ってもらい、そこからそれたら注意をする」

「ジュークボックスのような人が得意ネタを語りはじめたら、前の人が語ったことと、いまあなたが話していることはどんな関係があるのですか？　と尋ねて、答えられなかったら、やめるように暗にすすめる」

などの方法が考えられます。

字数が多い場合には「C型」を用います。

第一部で、設問の指示に従って、「人間ジュークボックス」タイプの人がいたらどのような状況が想定されるかを書いたあと、「私はこのように対処する」というように意見を書きます。

そして、第二部で「確かに、それを実行するのは難しい。しかし……」「確かに、その判断は難しい。しかし……」などとして、第三部でくわしく説明する形をとります。

今回は字数が少ないので、「A型」を使って、第一部に先ほど示したことと同じことを書き、第二部で、くわしいことを説明する形をとればいいでしょう。

解答例

字数が800字以上で「C型」を用いる場合

人間ジュークボックスタイプの人がいたら、その人はほかの人との間で話題になっていることとは無関係に、自分の得意ネタを語りはじめるだろう。そうなると、ほかの人と話がかみ合わなくなり、テーマに沿った対話が成り立たなくなる。そんな場合、私が司会をしていたとしたら、私は人間ジュークボックスタイプの人の話をさえぎって、その人にテーマを思い出させて、それについて語るように仕向ける。同時に、ほかのメンバーにも、テーマから離れないで話をするように常に促す。

確かに、人の話をさえぎるのは難しい。とくに話しているのが先輩だった場合には、つい遠慮してしまう。また、しっかりと話の流れを把握していないと、テーマからズレたかどうかの判断が難しい。場合によっては、司会者の想定とは異なった方向に話が広がって、かえって議論が深まる可能性もある。それをさえぎってしまうと、せっかくの深い議論を中断させることになってしまう。したがって、司会者としての能力が問われることになる。だが、司会者である限り、そのような覚悟で話を回していく必要がある。

ひとりがジュークボックスのように語ると、そこでテーマから外れて、ほかの人も得意ネタを語りはじめることが多い。そうなると、テーマがボヤけ、議論が深まらず、解決策も見出されず、結論も出ないことになる。ひとつのまとまった結論を出すのは難しいが、いくつかの議論の方向性を示し、それについて各方面から検討してもらうという形をとるのが理想的である。司会者は、そこから外れないように気をつけ、発言者がそこから外れそうになったらすぐに注意をし、元に戻すように指摘することを事前に伝えておく必要がある。そうすることによって、発言者全員が討論会の趣旨を理解して、スムーズに議論が進んでいくと考える。

以上述べたとおり、私は、人間ジュークボックスタイプの人に、テーマから離れないようにしっかりと注意することですべての発言者に注意を促すことが、最適な対処方法だと考える。

解答例

「A型」の場合

人間ジュークボックスタイプの人がいたら、自分の得意ネタを語りはじめるだろう。そうなると、テーマに沿った対話が成り立たなくなる。そんな場合、私が司会をしていたとしたら、私は人間ジュークボックスタイプの人の話をさえぎって、その人にテーマを思い出させて、それについて語るように仕向ける。

ひとりがジュークボックスのように語ると、ほかの人も得意ネタを語りはじめることが多い。そうなると、テーマがボヤけ、議論が深まらず、妥協点も見出されず、結論も出ないことになる。司会者は、テーマから外れないように気をつけ、発言者がそこから外れそうになったらすぐに注意をし、元に戻すように指摘することを事前に伝えておく必要がある。そうすることによって、発言者全員が討論会の趣旨を理解して、スムーズに議論が進んでいくと考える。

2 説明型

しばしば「説明しなさい」という指示のある問題が出題されます。このタイプの問題の場合、じつはいくつか注意することがあります。大学側が何を求めているのか判断が難しい場合があるのです。

❶「事実上の記述問題」か「小論文問題」か

小論文という科目名であったとしても、意見を求められているのではなく、**たんに説明することを求められているだけの問題**があります。

「地球温暖化の原因について説明しなさい」「現在行われているリサイクルの方法について説明しなさい」などといった問題がよく出題されます。

このタイプの問題は、**生活系や理系の学部・学科で、しばしば出題**されます。また、字数は200字や300字と、比較的少ないことが多いでしょう。

もうひとつのタイプは、**賛否両論があるような社会問題などについての説明**が求められるものです。「この提案を推進する立場の意見を説明しなさい」「この主張の根拠を説明しなさい」というような問題です。

こちらも意見を求められるものではありませんが、一般的な記述問題とは異なって、一般的な知識が必要なわけでもありません。

このタイプは**社会系の学部・学科で出題されることが多い**でしょう。

ただし、どちらのタイプの問題かを判断するのは、それほど難しいことではありません。おそらくほとんどの受験生が、どちらのタイプの問題か容易に判断できるでしょう。

ともあれ、この2つのタイプの問題があることを念頭において問題に取り組むことをおすすめします。

❷「課題文中で語られていることをまとめる」のか「それ以外のことを書く」のか判断する

「文中の傍線部について説明しなさい」「言葉の意味を説明しなさい」とある場合、多くの場合で、課題文中に書かれていることの説明が求められています。

現代文の記述問題と同じように考えてかまいません。

したがって、まず、課題文中にその答えがあるかどうかを探してください。ほとんどの場合、前後に答えが書かれているでしょう。その答えがあったら、それを制限字数以内にまとめて書けばいいのです。

ところが、まれに課題文中に答えがないことがあります。しっかりと文中を探して、そこに書かれていないと判断したら、腹を決めて、状況、背景など、文中にないことを自分の知識で埋めて説明します。時には、課題文中に答えがあっても、それを書くだけでは、制限字数の半分も満たせないこともあります。

その場合には、前半に課題文中にある内容を示し、後半に課題文中にない説明を加えます。

このような問題を出す大学は、そのような判断がしっかりとできる学生を求めている、と考えてください。

❸「たんに説明する」ことが求められているのか、それとも「意見」が求められているのか

「説明しなさい」という問いであっても、字数が800字以内と多い場合や、賛否両論があるような問題の場合には、気をつける必要があります。

たとえば、「学校の名簿から男女の性別欄をなくそうという動きがあります。それについて800字以内で説明してください」というような問題が出た場合、現状を説明するだけでは800字も書くのは難しいでしょう。

このような場合には、**賛成意見と反対意見を両方示して説明するといい**でしょう。

自分が賛成か反対かは書かなくてよいのですが、**両論併記という形をとるのがうまい方法**です。

このように、「説明しなさい」という設問にはいくつかのタイプがありますが、**「型」の用い方については、どのタイプも同じ**と考えてよいでしょう。

いずれも、「A型」を用いて書くのが基本です。

二部構成にし、第一部できちんと問いに答え、第二部でその説明をします。

こうすることによって、最初にきちんと問いに答え、そのあと、それをくわしく説明する形がとれます。
なお、説明問題で、好ましくない書き方をしている答案をしばしば見かけます。
168ページの練習問題を見て、どのように書けばいいのかを確認しておいてください。

例題

次の文章を読んで、問いに答えなさい。

世の中にはたくさんの本が出ている。歴史に残るような思想書から、学術書、エンターテインメント本、読み捨てられるであろういかがわしい本まで、さまざまだ。だが、すべての本が良書であると私は考えている。

もちろん、つまらない本もある。「そんなこと、わざわざ言ってもらわなくてもすでに知ってるよ」といいたくなることしか書かれていない本や、主張こそ目新しいもののまったく説得力を感じない本、まったく面白くない本もある。だが、それらがつまらないのは、あくまで私にとってにすぎない。

本には対象がある。若者向けだったり、高齢者向けだったり、女性向けだったり、中年男性向けだったり、プロ向けだったり、初心者向けだったり。中年男性である私が女性向けのファッションの本を読んだとしたら、たぶん、つまらないと思うだろう。普通の小学生がドストエフスキーを読んでもおそらくつまらないと思うだろう。

それゆえ、私が面白いと思った本をほかの人がつまらないと腐したり、逆に、私が読む価値がないと断じた本を座右の書にしている人がいたり、といった事態が起こる。

本というのは、人間と同じようなものだ。一律の価値基準によって優劣を決めることはできない。人気者がいるのと同じように、ベストセラーがある。嫌われ者がいるように、誰からも手に取られない本がある。だが、どれもがそれぞれの価値を持っている。それを求めている人の手に求めているときに渡れば、それは良書になる。

それゆえ、私は、インターネットの書評サイトなどで、まるで自分が全知全能の神であるかのように本の優劣を断定している者には激しい抵抗を感じる。もちろん、書評をするのは悪いことではない。本を批判したりほめたりするのも、もちろん大事なことだ。だが、あくまでもそれは、その人の知識や関心、価値基準による判断でしかない。つい、神の立場に立ったかのようにものを言いたくなってしまう気持ちはわからないでもないが、それはあまりに傲慢というものだろう。

知識のある人間が入門書を幼稚すぎるとけなし、知識のない人間が専門書を難解すぎるとけなす。しかし、それはたんに自分の身の丈にあっていない本にあたっただけのことにすぎない。きちんと自分の身の丈にあった本を探すのが、読者としての務めだと、私は思う。

本について語るからには、本のすべてに愛情を持つべきだと私は考えている。そうしてこそ、本を批判する資格を持てると思うのだ。

しかし、それは逆に言うと、誰にとってもよい本などは存在しない、ということだ。たとえば、私はドストエフスキーの『カラマーゾフの兄弟』は世界最高峰の文学作品だと信じている。だが、これが誰にとってもよい本かというと必ずしもそうとはいえない。子どもにはまず理解できないだろうし、それどころか、生半可な知識で読んでしまうと、むしろ有害になるということも考えられる。

本は相手があってこそ、価値を持つ。それ自体に価値があるわけではない。読者との関係によって、それが良書になったり、そうでなくなったりする。そういったことを常に心がけて本に向き合うべきだと、私は考えている。

問1　傍線部に「すべての本が良書である」とありますが、それはどういうことですか。300字以内で説明しなさい。

問2　この文章の主張とは反対に、「良書もあれば、悪書もある」と考える人もいるでしょう。そのような人はどのような主張をするでしょうか。300字以内で説明しなさい。

解説

課題文は比較的、読みやすいでしょう。

この文章は「すべての本が良書である」と主張しているので、問1は全体の文章の要約に等しいと言えるでしょう。

つまり、この設問は、**課題文に書かれていることの説明を求めている**わけです。

なお、「どういうことですか」と尋ねられているので、最初に「すべての本が良書であるとは、……ということだ」とズバリとまとめます。

そして、そのあとでそれについてくわしく説明します。

問1の解答例を兼ねて、この文章をまとめると次のようになります。

「すべての本が良書であるとは、どの本もそれぞれの価値を持っており、それを求めている人の手に求めているときに渡れば、それは良書になるということである。本というのは、人間と同じようなもので、一律の価値基準によって優劣を決めることはできない。知識のある人間にとって入門書は幼稚すぎるし、知識のない人間には専門書は難解すぎる。高名な作家の作品でも、場合によっては有害なこともある。しかし、それはたんに自分の身の丈にあっていない本にあたっただけのことにすぎない。本は読者との関係によって、良書になったり、そうでなくなったりする」

問2では、この文章の主張に反対する人の意見について説明することが求められています。

このことについては、課題文の中にほんの少し、「つまらない本もある」とあるくらいで、十分には書かれていません。

ですから、問1と問2の両方が「説明」を求めていますが、問1が課題文中に書かれてあることの要約を求めるものなのに対し、問2は、課題文を要約するのではなく、知識を用いて、自分で考えることが求められているのです。

「事実にもとづかずに、うそを書いた本もある。危険な宗教や思想に勧誘する本もある。それらは良書とは言えない」

「売れることだけを目的にして、人々の欲求を満たそうとする本も多い。それらは読者の知識の向上に役立っているとは言い難いので、良書ではない」

「すべてを良書とみなすと、多くの人がすべての本を同価値とみなし、人類の知の結晶である名著への敬意を失う恐れがある。だから、知識・教養のある人が中心となって良書の指針を示すべきだ」

などの意見が考えられるでしょう。

これらの中から、鋭いものを選んで書きます。

字数が多ければ「C型」でいいのですが、**300字以内ですので「A型」**にしましょう。

第一部に、先ほど述べたようなことを書いて、第二部でそれについて具体的に説明します。

自分の読書体験をもとに書いてもいいでしょう。

解答例

すべてを良書とみなすべきではないのは、すべてを良書とみなすと、多くの人がすべての本を同価値とみなし、人類の知の結晶である名著への敬意を失う恐れがあるからである。

課題文でも挙げられている『カラマーゾフの兄弟』や近代の人間の知のあり方を変えたとされるデカルトの『方法序説』は読書経験の豊かな教養と学識のある人々が偉大な著作とみなしている。そのような名著を、ありふれた内容の小説や漫画などと同列に扱うと、本当の名著の価値が損なわれ、知的な営為が十分になされなくなる恐れが出てくるのである。

3 分析型（「理由」「特徴」「関係」「影響」「意義」「役割」などを尋ねる設問）

「……とは何か」

「なぜ、そのようなことが起こっているのかを論じなさい」

「それにはどのような意義があると思われるか、あなたの意見を述べなさい」

「それは社会にどのような影響を与えると考えられるか、あなたの考えを述べなさい」

などの形で、「理由」「特徴」「関係」「影響」「意義」「役割」などを尋ねる問題が出ることがあります。

しかし、難しく考える必要はありません。これまで説明した問題と同じように論じればよいのです。

このような場合にも、「A型」と「C型」が使えます。

字数が少なくて、ノーの視点に説得力がないときには「A型」、字数がある程度多くて、

反対意見を思いついて、それに説得力があるときには「C型」を用います。

★「とは何か」と問われたとき

字数が少ないとき、ノーの視点に説得力がないときには、「A型」を用いて「……とは……である」とはじめにズバリと答えて、第二部でそれについてくわしく説明します。

字数が多くて、ノーの視点に説得力があるときには「C型」を用いて、はじめに「……とは……である」とズバリと答え、第二部で「確かに、ほかの考えもある。しかし、このように答えるのが正しい」として、第三部で説明、第四部で結論を示します。

★「なぜ……なのか」「……の理由を示しなさい」と問われたとき

字数が少ないとき、ノーの視点に説得力がないときには、「A型」を用いて「……なのは、……だからである」「……の理由は……である」とはじめにズバリと答えて、第二部でそれについてくわしく説明するようにします。

字数が多くて、ノーの視点に説得力があるときには「C型」を用いて、はじめに「……なのは……だからである」とズバリと答え、第二部で「確かに、ほかの考えもある。しかし、このように答えるのが正しい」として、第三部で説明、第四部で結論を示すといいでしょう。

★「どのような関係（影響・意義・役割など）があるか」と問われたとき

字数が少ないとき、ノーの視点に説得力がないときには、「A型」を用いて、「これはこのような関係である」「このような影響（意義・役割）がある」とはじめにズバリと答えて、第二部でそれについてくわしく説明するようにします。

字数が多くて、ノーの視点に説得力があるときには「C型」を用いて、はじめに「これはこのような関係である」などとズバリと答え、第二部で「確かに、ほかの考えもある。しかし、このように答えるのが正しい」として、第三部で説明、第四部で結論を示すといいでしょう。

例題

次の文章を読んで、設問に答えなさい。

（四天王寺大学　2022年度　設問を一部改変）

昨年秋、自分の1人好きの生き方を書いたエッセー「今日もぼっちです。」という本を出したところ、さまざまな反響をいただきました。「僕もソロ人間です」という共感、少数ながら「自分もぼっちなので、読んでいて辛《つら》いです」という感想もありました。

小さい頃は1人好きという自覚はなかったのですが、大学のとき所属していた劇団で気付きました。劇団員が自分の人間関係を駆使し、いかに多くのお客を劇場に呼べるかを比べた時、自分には友だちが少ないな、と。友だちがどれだけ多いかで役者の価値が決まるのか？と当時は思いました。

その後、一つの転機がありました。深夜ラジオを聴いていた時、タレントの伊集院光さんが「自分は友だちが少ない」と言いつつ、それを面白おかしく話していたんです。普通なら悲しい話かもしれませんが、「ぼっちは武器になるのでは？」と思い直しました。（中略）

とはいえ、「みんなで集まれば楽しい」という「陽」の意見は、「1人は気楽」という「陰」の意見よりも、賛同は得やすいでしょうね。人と人が「つながる」ことは、SNSでますます強いられている気もします。

（賽助「リレーおぴにおん　ソロでいこう2」『朝日新聞』2021年4月27日付による）

設問

文章を読んで、筆者の「孤独」のとらえ方について説明しなさい。

そのうえで、あなたにとって「孤独」とは何かについて、自分の経験や知識を用いて、800字以上1000字以内で述べなさい。

解説

課題文は、取材をもとに記者がまとめたものでしょう。会話口調になっています。内容は難しくはありません。

筆者は、友だちが少なくて、ひとりでいることが多いのでしょう。以前はそのことに引け目を感じていたのに、タレントの発言をきっかけに、「ぼっちは武器になるのでは?」と思いはじめたのです。

ところが、それでもまだ「みんなで集まれば楽しい」という世間の圧力を感じるというのです。

つまり、**この文章のキーワードは「ぼっち」「孤独」。ひとりきりでいること**です。

この文章は、「ひとりきりはよくない。友だちを大勢つくるべきだ」という世間の圧力に反対しています。そして、「ひとりぼっちでよいではないか。友だちを増やすべきだという圧力はよくない」と主張しているのです。

この文章を読んで、**まず、筆者の「孤独」のとらえ方について説明する**ことが求められています。

この課題文では、孤独について深く説明がなされているわけではありませんので、先ほどまとめたこと、つまり、「ひとりぼっちでよいではないか。友だちを増やすべきだという圧力はよくない」という主張について説明すればよいでしょう。

そのうえで、「自分にとっての孤独とは何か」、意見を述べることが求められています。

孤独を肯定的にとらえる立場としては、

「孤独とは、自分に向き合うこと」

「人間はひとりで生まれ、ひとりで死んでいくのだから、孤独とは人間の本来のあり方だ」

「孤独とは、周囲に合わせないで自分に忠実に生きていこうとすること」

「孤独とは、最後まで自分で自分の行動の責任をとること」

「孤独とは、誰とでもいいから群れようと考えないこと」

など、さまざまな考えがあるでしょう。

否定的な立場としては、

「孤独とは、他者との関係を築けずに孤立してしまい、自分の存在を周囲に認めてもらえないこと」

「孤独とは、周囲と人間関係を築けないために、助け合いができないこと」

などの考えがあるでしょう。

字数が800～1000字なので、「C型」を使うことをおすすめします。

第一部で、自分にとっての「孤独」とは何か、自分なりの答えをズバリと書きます。

そして、第二部で「確かに、孤独にはほかの解釈もある。しかし、私の解釈は正しい」「確かに、孤独にはよくない面もある。しかし、私は孤独を最初に語ったように肯定的にとらえる」などと示して、第三部でそれを具体例を挙げるなどして説明します。そして、第四部でもう一度、結論を示します。

ただ、課題文に反対の立場で、孤独を否定する方向で書く場合、無理やりにでも孤立している人を仲間に入れようという姿勢を示すべきではないでしょう。

その一方で、第二部を上手に使って、「他者の孤独を否定はしないが、私はこう考える」という姿勢は明確にしておくべきです。
そうしないと多様性を否定することになってしまいます。

解答例

1（課題文の主張に賛成の立場）

筆者は、ひとりぼっちでいる孤独の状態を悪いこととは考えていない。一方で、孤独を悪いこととみなして友だちを増やすべきだとする世間の圧力はよくないと考えている。つまり、孤独をひとつの人間の生き方として認めるべきだと考えているのである。私も筆者と同じように、孤独を悪いこととは思わない。孤独とは、他者の影響から離れて、人間が自分自身と向き合うことだと考える。

確かに、人間は他者との関係でできており、他者に支えられて生活を営む。他者、そして他者の集合である社会との関係なしに生きていくことはできない。他者との人間関係の中で人は協調性を身につけて成長していく。周囲から孤立すると、人間関係を失い、居場所がなくなり、苦しむこともある。したがって、そのようなタイプの孤独は好ましくないだろう。だが、孤独とは、先に述べたとおり、自分自身と向き合うことであり、自分をしっかり見つめることであるから、悪いことではない。

人間は周囲と人間関係があっても、最終的にはひとりで生きていかざるを得ない。自分の痛みを他者は本当には理解できない。たとえ肉親であっても、心の奥底まではわからない。自分の生き方を決めるのは、他者ではなく、自分自身である。いつも他者と一緒にいて、集団に従属していると、自分を見つめることができない。自分の本音と向き合うことができない。じっと自分の心を見つめることによって、人は成長する。孤独になる機会があるということは、人間にとって大事なことである。周囲と群れることなく自分と向き合うことで、最終的にひとりで生きていかざるを得ないと知ることができるからこそ、他者の孤独も理解でき、他者と協調できるようになるのである。

このように、私は孤独を、周囲に惑わされずに自分の心を見つめ、内省する機会だと考える。これは人間の成長にとって大切なことであり、すべての人間が経験するべきことだと考える。したがって、孤独は人間の成長に不可欠な要素と考えるべきである。

解答例

2 （課題文の主張に反対の立場）

筆者は、孤独を悪いものとしてとらえず、むしろ、それを強みにできると考えている。そして、多くの友だちがいるのがよいという考えを押し付けるべきではないと考えている。しかし、私は、孤独とは長期間、ひとりぼっちでいて、他者と交流できないことであり、人間にとって決して好ましい状態ではないと考える。

確かに、孤独には、自分に向き合うという重要な側面がある。愛する人を失ったり、周囲と溶け込めなかったりするときなどに孤独感を覚え、自分を見つめ直す機会になり、時には成長につながることもあるだろう。このように、一時的な孤独には肯定できる面もあるだろう。人間としての成長のためには、独りぼっちで過ごす時期があってよいし、時に孤独感に苦しむことがあってもよい。しかし、孤独とは、本質的には他者と交流できないことであって、これは決して好ましいことではない。

人は他者との関係によって生活している。他者と交流するからこそ他者を敬い、その価値観を知り、それを尊重することを知る。そして、他者との交流の中で、自分の居場所を見つけ、自分の能力、個性を発揮できる場所を見つけることができる。そして、それと同時に、自分の価値観を改めたり、あるいは自分の価値観をいっそう強めたりして、自分というものをつくり上げていく。他者からどう見えているかを知り、他者から言葉をかけられて自分がどのような人間かを知り、時に自分を改めていく。つまり、他者との交流によって自分というものをつくり上げていくのである。他者と交流せず、孤独でいると、そのような機会が失われ、自分を確立できず、他者を尊重できなくなる。他者との交流の中で居場所を見つけることもできなくなり、人間として成長できなくなる。ひとりよがりで孤立した人間になってしまうのである。言い換えれば、社会性を失ってしまうのである。

以上述べたとおり、私は、孤独とは、他者と交流できなくなって、社会性を失うことだと考える。これを好ましいと考えるべきではない。

4 複数解答型

数としてはあまり多くありませんが、ひとつの文章の中に、複数の内容を書くことが求められる設問があります。

「3つの面から論じなさい」「3つの対策を示しなさい」「複数の案を示しなさい」というような問題です。

このような場合には、**「A型」の文章の組み合わせ**と考えるとうまくいきます。3つの面から論じることを求められていたら、「A型」の短い文章を3つつなげればよいのです。

例題

次の文章を読んで問いに答えなさい。

かつての社会では、多数派の生活スタイルがひとつの規範となっていたため、それに反するものは、好ましくないとされる傾向が強かった。

たとえば、夫が外で働き、妻は家で育児・家事をして夫を支え、家族団らんで暮らすという家庭が多かったので、それが規範になって、そこから外れた家庭は一般的ではないとみなされて排除されたり、かわいそうといわれて同情されたりした。明治以降、大正、昭和、平成とそのような価値観が続いたといえるだろう。

だが、令和の時代では多様性が尊重されるようになってきている。家庭にはさまざまな形がある。

ひとり親、血のつながらない親子、同性のパートナー。さまざまな人から成る家庭があって当然、さまざまなあり方があってよいという考え方が広まっている。さまざまな価値観があり、それを認め合う必要がある。一律の基準を押し付けるのは、多数派の価値観を押し付けることでしかない。そのような考え方が定着しつつある。

これまで、家庭のあり方に限らず、さまざまな面で少数派は差別を受けてきた。外国人は日本人の生活スタイルに合わせて暮らすことを強要され、自分たちの文化を守ることは許されなかった。女性は化粧をするのが当たり前とされ、化粧をしない女性や化粧をする男性は常識からはズレているとみなされていた。男性は女性と婚姻関係を結ぶのが当たり前で、同性に魅力を感じるのはおかしいとされてきた。そのほか、数え上げればきりがないほど、さまざまな面で多数派の価値観が規範となっていたせいで、それ以外の人々が抑圧されてきた例が挙げられる。

多様性を認め、多数派と同じであることを強要せず、一人ひとりの価値観を認めること。それこそが、これからの民主主義社会の向かうべき道である。

問

課題文では、「そのほか、数え上げればきりがないほど、さまざまな面で多数派の価値観が規範となっていたせいで、それ以外の人々が抑圧されてきた例が挙げられる」と主張しています。

そのような例を2つ挙げ、その現状と多様性尊重の必要性について、600字以内であなたの意見を示しなさい。なお、その例は、文中で触れられているものでも、触れられていないものでもかまいません。

解説

課題文では、かつての社会で多数派の生活スタイルが規範となっていたためにそれ以外の人々が抑圧されてきた例を示し、現在では少数派を尊重して、多様性を認めるようになってきていることが説明されています。

これを読んで、例を2つ挙げて、その現状と多様性尊重の必要性について意見を示すことが求められています。

課題文には、家庭、外国人、化粧、性的志向が例として挙げられています。

それ以外には、人種（肌の色が日本人に近いものを一般的とみなす）、障がい（障がいのない人を通常とみなす）、学歴（大卒、高卒を通常とみなす）、働き方（平日の昼間に正社員として働く人を通常とみなす）などが挙げられるでしょう。

これらの中から2つの例を選んで、現在、どのような状況なのか、多様性を尊重することによってどう改善されるか、あるいはどう改悪されるかを書くことが求められています。

「多様性尊重の必要性について意見を」ということなので、必ずしも「必要だ」という方向で書く必要はないでしょう。

「必要ない。多様性を尊重するべきではない」という論も可能です。

ただ、世界的に主流の考え方や民主主義の考え方からすると、多様性を尊重する方向のほうが書きやすいでしょう。

「多様性を尊重するべきではない」という立場からは、いずれの領域においても、「多様性を尊重すると、何でも許されることになってしまい、基準がなくなる。その基準に満たない人を抑圧するのは間違いだが、理想像としての基準はあるほうがよい」といった論は可能でしょう。

「多様性を尊重するべきだ」という立場からは、それぞれの例に即して、それぞれの少数派の人がどのように抑圧から逃れられるか、それが社会にとってどのように有効であるかを説明します。

2つの例を示すことが求められていますので、2本立てにして説明すればいいでしょう。つまり、「A型」の変型と考えて、第一部に現状、第二部に多様性を尊重する場合の改善点（改悪点）を示します。

そのパターンの段落を2つつくります。

解答例

女性は家庭に入って子どもを産み、育児・家事をして、男性は外で働く、というのが基準となっているが、それは、社会に出て活動する能力を持っている女性を抑圧している。また同時に、外で働くよりも育児や家事が向いている男性のことも抑圧している。多様性を尊重することによって、男性・女性のどちらが外で働いてもよいという考え方が浸透し、夫婦の選択によって自由に働けるようになり、基準とされていたことから外れても少しも引け目を感じることがなくなる。その結果、個人が解放されると同時に、女性の社会進出が一段と進み、社会もいっそう多様になって産業も活発になる可能性がある。

働き方については、現在では、土曜日と日曜日に休んで、平日の昼間に働くことが基準となっており、夜に働く人、週末に働く人は少数派になっている。そのため、社会全体が土日に休みをとる人に都合よくつくられており、そこから外れる人には、交通機関でも買い物でも不都合なことが多い。また、夜に働いている人などは、いかがわしい職業とみなされることもある。多様性を尊重することによって、さまざまな働き方が認められるようになると、いくつかの企業の仕事を掛け持ちすることや、地方で暮らしながらオンラインで仕事をすることなどが可能になる。その結果、これまで働くことのできなかった人も働けるようになり、育児や介護をしている人、一度退職した人なども再び経済活動ができるようになり、社会全体が活性化する。

5 受験生の志望理由などを尋ねる問題

小論文という科目でありながら、**志望理由**や**将来の目標**を尋ねたり、**過去の体験**を尋ねたりする問題もあります。

難関校ではこのようなタイプの問題はほとんど出題されませんが、専門学校の入試などでは出題されることがあります。

たとえば、**大学で学びたい**ことについて尋ねるような問題です。

「大学に入って学びたいこと」「将来の目標」「志望する理由」「あなたは、経営学部に入ってどのようなことを学び、どのように将来に役立てたいと考えていますか」などが問われる問題です。

いずれも、

「なぜ入学したいと思ったのか」

「入学後、何をしたいか」

「卒業後、どのような方向に進みたいと考えているのか」

をしっかりと説明することが求められています。

このタイプの問題の場合、しっかりと志望学部で学ぶ内容を調べて、自分がそこで何を学びたいかを明確にしておく必要があります。

入学後にしたいことはいくつもあるかもしれませんが、**できればひとつに絞ります**。志望学部・学科だからこそできることを書くと、説得力があります。

「C型」を応用して、次のような構成で書くと、すっきりとまとまります。

例

経営学部に入ってしたいこと（600字以内）

第一部　大学で学びたいことをズバリと書く
第二部　そう思うようになったきっかけを書く
第三部　具体的に学びたいこと、とくに関心を持っていることについて書く
第四部　入学後の覚悟を書く

解答例

私は大学に入ったら、マーケティングとマネジメントを学んで、卒業後は生まれ故郷の企業に勤めて地域の産業を活性化し、地域の発展に力を尽くしたいと考えている。

私の育った町は、九州の山間部にあり、駅の近くでさえもがらんとしている。商店街はシャッターの下りた店が目立ち、これといった産業もない。急速に人口が減って経済は停滞している。私は、子どものころから従兄の暮らす由布院町にたびたび行っていたが、わが町との違いに驚きを覚えてきた。両親に聞くと、昔は由布院もひなびた村だったという。ところが、地域の人々が温泉を売り出し、旅館やホテルを建設したことで、日本を代表する温泉地として有名になった。私はそれを知って、私の暮らす町でも産業をつくり出し、活性化させる仕事がしたいと思うようになった。

経営学部では、まずどのような商品や観光地を開発して、どうやったら多くの人を惹きつけられるのか、どのように宣伝するべきなのかをマーケティングの授業を通して学びたい。そのうえで、私を含めた働く人々が強い意欲を持って楽しく働きつづけられるような環境をつくるためにマネジメントの勉強をしたい。大学で力を養って、地元の企業に就職し、そこで地域活性化のために活躍できるようになりたいのである。

学ばなければならないことが多く、しかも地域活性化が簡単ではないことは承知しているが、大学でしっかり学んで地域に貢献できるようになりたいと考えている。

6 受験生の個人的な体験などを尋ねる問題

「好きな言葉」「感動したこと」「自分を成長させた体験」「私の人生観」などのタイトルで作文を書くことが求められます。

志望理由書などと同じように、いくつものことを書くのではなく、できればひとつに絞って書きます。そして、**できるだけ具体的に書くのがコツ**です。

「感動したこと」について書く場合、どのような出来事があったのかを具体的に書き、その出来事のどのようなことに感動したのかを説明します。

「C型」を応用して、次のように構成するとすっきりとまとまります。

第一部　これから書こうとする出来事の「きっかけ」や、「予告」の役割を果たす。
字数は全体の20パーセント程度

第二部　語ろうとしている内容を大まかに書く。ただし、なるべく深い印象などはつけ加えずに表面的な事実の描写にとどめる。字数は全体の30パーセント程度

第三部　第二部で書いた内容の詳細や、そこから得た印象や考えなどを、できるだけ深く鋭く書く。字数は全体の30パーセント前後が目安

第四部　全体のまとめ。『作文型』の場合は、「これから、……を考えていきたい」といった努力目標ふうの終わり方も許される

例

「感動したこと」（600字以内）

解答例

私がこの数年間で最も感動したのは、昨年、3歳の美歩ちゃんと再会したことである。美歩ちゃんのおかあさんは私の母の妹、つまり美歩ちゃんは私のいとこにあたる。それまで2度ほど会ったことがあったが、まだ美歩ちゃんは小さくてお話もあまりできなかったし、一緒に遊ぶこともできなかった。それが昨年、美歩ちゃんのお父さんが中国に単身赴任しているうちに、おかあさんが病気で入院することになったため、その間、美歩ちゃんが我が家にやってきたのだ。一週間だけだったが、一緒に暮らした。

美歩ちゃんは、はじめは慣れないので泣きそうにしていたが、すぐに私と遊ぶようになった。なんて可愛いんだ！と思った。うれしさを体全体で表現して元気に遊ぶ。悲しくなると、体いっぱいで思いっきり泣く。知っている言葉を使って、自分の思っていること、私にしてほしいことを口にする。私が、ハンバーグをなかなかうまく焼けずにいると、横で「まんばーれ！」と何度も言ってくれた。美歩ちゃんは「がんばれ」のことを「まんばれ」と言った。私が面倒を見る立場だったが、美歩ちゃんを見て、人間が成長していくことがどんなに素晴らしいか、少しずつ言葉を覚えることがどんなに大事かを知った。

美歩ちゃんと別れるとき、涙が出た。美歩ちゃんもなかなか帰ろうとしなかった。次に美歩ちゃんに会ったとき、成長した姿を見られるのが楽しみだ。

7 複数作業指示型

あまり数としては多くありませんが、「……をして、次に……をして」などと**複数の作業をすることを求めるタイプの設問**があります。

なぜ、このように面倒な作業を求めるのでしょうか?

出題者としては、もちろん親切に教えてくれているつもりなのです。

ですから、このように指示がたくさんある場合、指示どおりに書いていってください。

それぞれの指示をひとつの段落で書いていけば、うまくいくことが多いのです。

ただ、時に指示されたことを順番に書いていっても、うまく文章がつながらないときがあります。
そのときには、**どうやって「型」を応用するかを考えてください**。
どの指示内容を型のどの部分に書くかを考えます。それを頭に入れながら、何を書くべきかを考えます。

例題

次の文章はある著書の冒頭部分です。読んで問いに答えなさい。

いまは発信力の時代である。さまざまな能力が発信によって判断される。ひと昔前までは、どれだけ知識があるか、どれだけ学力があるかが重視されたが、いまはそうではない。

入社試験では提出書類や作文や小論文でどのくらい自己表現をし、面接でどのくらい自分の力をアピールしたのかが、内定の決め手になる。入社してからも、成果が求められる。成果に対しては何らかの評価が必要だ。ここでも、最大限に自分の力を示せるかどうかが評価の分かれ目になる。うまく発信すれば、高い評価を得られるということだ。

いまでは仕事を得るにも企画書やプレゼンが必要になる。企画書に説得力があるか、プレゼンがうまいかどうかで、仕事が与えられるか与えられないかが決まる。どんなに仕事をこなす能力があっても、企画書やプレゼンがうまくなければ、何もすることができない。どれほどいいことを考えていたとしても、どれほど深い考えがあったとしても、発信できなければ、何もないに等しい。

どの組織でも会議がある。そこで自分の意見を言わなければならない。自分たちの行動について説明しなければならない。時には相手を説き伏せなければならない。批判しなければならないこともあるだろう。そこでも、ものを言うのは、発信力だ。そうした発信をきちんとした人が評価される。ない人は、評価されない。それどころか、時に上司や部下の信頼を失い、仕事さえも与えられないだろう。

仕事に関することだけではない。プライベートな場でも、自己アピールが大事だ。いうまでもなく、恋愛というのは自己アピールに勝利するかどうかの勝負だ。どんなに容姿が優れ、年収や学歴などが優れていても、面白みのない人間であれば、相手は惹きつけられない。面白い人、楽しい人、信頼できる人、魅力的な人だと相手に思ってもらわなければならない。

恋愛だけでなく、友人関係もアピールにかかっている。アピールの苦手な人は、自分の長所を上手に示すことができずに、不当に低く見られて不愉快な思いをしたり、逆に、時に不自然にアピールをして周囲を白けさせたりするだろう。そうしたことも、発信力次第ということが言えるだろう。

話し方ひとつで、書き方ひとつで、他人にどのように思われるか、まったく違ってくる。言い換えれば、発信力を持っているか持っていないかで、人生が変わってくる。

問

文章を読んで、筆者がなぜ現在を「発信力の時代」と考えているかを簡潔にまとめ、ここで言われる「発信力の時代」と対立するのは、どのような時代なのかを明確に示しなさい。

そのうえで、それぞれのメリット・デメリットを踏まえて、自分のこれまでの体験などをもとに、筆者の考えに対するあなたの評価を示しなさい。その際、必ず、グローバル社会になったことと、発信力の時代の関係についても説明しなさい。

解説

課題文の内容はそれほど難しくないでしょう。簡単にまとめれば、次のようになります。

「現在は発信力の時代だ。ひと昔前までは知識や学力が重視されていたが、いまは発信力が重視される。仕事でもプライベートでも、うまく文章を書けたり発言できたりする発信力が重視される」

この文章を読んで、複数の作業をすることが求められています。整理すると、

❶筆者がなぜ現在を「発信力の時代」と考えているかを簡潔にまとめる
❷「発信力の時代」と対立するのは、どのような時代なのかを明確にする
❸それぞれのメリット・デメリットを踏まえる
❹自分のこれまでの体験をもとに、筆者の考えに対する評価を示す
❺グローバル社会になったことと、発信力の時代の関係についても説明する

ということです。これらを文中に入れなければなりません。

このような場合、**まず、どの内容を「型」のどの部分に書くかを考えます**。

「C型」を用いて、第一部で❶と❷をまとめ、第二部で❸について、「確かに、しかし」を使って、それぞれのメリット・デメリットを示し、第三部でグローバル化を実感した経験を加えて根拠を示すことで❹❺の指示を満たすことができます。

では、それぞれの指示について考えていきましょう。
❶については、この文章では、先ほど述べたとおり、「現在は発信力の時代だ。仕事でもプライベートでも、発信力によってその人間の能力や人間性が判断される」と主張しています。
この文章で、「現在は発信力の時代だ」と言われている理由は、「発信した内容によって、仕事でもプライベートでも、能力や人間性が判断される」からです。
❷については、「発信」の対義語を考えればわかりやすいでしょう。
文中では「知識や学力」とされていますが、「発信」、つまりアウトプットと対比的にとらえると、**「受信」＝インプット**ということになるでしょう。

ですから、これまでの学校や社会で重視されてきたのは「受信力」、つまり、知識や、学力を身につけ、理解する力ということになります。

よって、この文章は**「これまでの社会では、どれだけ受信して力をつけたかが重視されていた」**と主張しているのです。

❸については、発信力重視と受信力重視のプラス面・マイナス面を考えることが求められています。

「グローバル社会」になったことと関連づけると、次のように考えられるでしょう。

発信を重視することのプラス面

◉これからのグローバル社会では、海外の人と積極的に交流し、交渉する必要がある。そのためには、自分の考えなどをしっかりと表明する力をつける必要がある。

◉発信を重視することによって、みんなの意見が表に出やすくなる。発信を重視しないと、心の中で思っていることや、秘めた能力などが日の目を見ないままになってしまう。

それは個人にとっても社会にとっても損失である。

●発信を重視するからこそ、他人との意見の違いなどが明確に理解できるようになる。発信せずに黙ったままでいると、結局、すべてがうやむやになってしまう。

発信を重視することのマイナス面

●引っ込み思案の人、自己アピールが苦手な人などは、あまり評価されなくなる可能性がある。
そのため、本人は充実感を得られないし、企業はそのようなタイプの優れた人を採用できなくなるので組織が十分に機能しなくなる。

グローバル社会においてこそ、しっかりと知識を持って受信したことがものをいう。

●受信が軽視されて、しっかりと知識をつけ、理解を深めるという、地道な努力がなされないようになり、表面的な知識だけ身につけて、発信ばかり重視する人が増えてしまう。
そうなると、文化が深まらなくなり、グローバル社会では通用しない。

解答例

課題文で、現在が発信力の時代と言われているのは、知識や学力などの受信したものが重視されていた時代と異なって、現在では、仕事でもプライベートでも、発信力によってその人間の能力や人間性が判断されるからである。「発信」の対義語は「受信」なので、「発信力の時代」の対義語は「受信力の時代」である。すなわち筆者は、これまでは受信力の時代だったが、これからは発信力の時代と考えているのである。では、発信力の時代になるのがよいのか否かについて考えたい。

確かに、発信力重視にしてしまうと、引っ込み思案の人、自己アピールが苦手な人などは、あまり評価されなくなる可能性がある。そうなると、本人は充実感を得られないし、企業はそのようなタイプの優れた人を採用できなくなるので組織が十分に機能しなくなる。また、積極的で目立つのを好むタイプの人たちばかりが重用される傾向が強まる。それについては十分に考慮する必要がある。しかし、それでも、発信力を重視するのは好ましいことである。

これからのグローバル社会では、海外の人と積極的に交流し、交渉する必要がある。自分の考えをしっかりと表明してこそ、相互理解が可能になる。とりわけ、価値観の異なる外国人と交渉する場合、お互いの考えをはっきりと表明し合う必要がある。受信力ばかり重視していると、そのような能力がなかなか身につかず、日本はグローバル社会から取り残されてしまうのである。日本の社会ではこれまで、「能ある鷹は爪を隠す」ということわざがあるように、たとえ能力があってもそれを表に出さずにいることが好ましいとされてきた。しかし、それだと、せっかくの能力をなかなか発揮できない。それればかりか、相手との意見の違いを明確にしたり、妥協点を見出したり、相手を説得したりといった議論すらできないのである。

以上述べたとおり、これからの社会は発信力の時代になるべきだと私は考える。

第4章

過去事例集対応の仕方がわかる！

実際の入試小論文問題では、どう答えればよいのか迷う設問が多く出題されます。この章では、そのような問題を取り上げて、どう書けばいいのかを解説しましょう。

1 提言型

例題

藤子・F・不二雄による漫画『ドラえもん』は、未来から来たネコ型ロボットが出す「ひみつ道具」で、少年のび太が抱えるさまざまなトラブルを解決しようとする物語である。では、人間関係をうまく築くことができずに孤立しているひとのために、あなたただったらどのような「ひみつ道具」を出してあげますか。あなたが考えた道具の特徴、機能、およびなぜそのようなものを考えたかを具体的に説明しなさい（601〜800字）。

（獨協大学・国際教養学部　2022年度）

解説

『ドラえもん』のひみつ道具のことは、みなさん知っているでしょう。例題では、人間関係をうまく築けずに孤立している人に、あなたならどのようなひみつ道具を出してあげるか、と尋ねています。

人間関係をうまく築けないということは、気軽に人と話ができない、人の言葉にすぐに傷ついてしまう、人との距離のとり方がわからない……など、さまざまな原因が考えられるでしょう。

そのような人に、どんな道具を出して、人間関係をうまく築けるようにしてあげればよいでしょう？

アイデアとしては、

「人と接するとき、相手がしてほしいと思っていることや言ってほしいと思っていることがわかる道具。たとえば、相手が言ってほしいことが、マンガの吹き出しのように、頭の上に文字で出る。それをそのまま言ってあげることで、仲良くなれる」

「自分が何を言っても、相手には好意的に聞こえる変換機。これを使うことで、常に人間関係が良好になる」

「相手がどう思っているかを気にしすぎるせいで人間関係をうまく築けないのだから、それが気にならなくなる道具。常に相手が上機嫌に見える」

「暗い気持ちになってますます人間関係が築きづらくなるので、心が明るくなる道具。たとえば、人の声が楽しい歌のように聞こえる道具」

などが考えられるでしょう。ほかにもたくさんのアイデアがあると思います。

字数が多めなので、「C型」を用いて、第一部で道具について簡単に説明して、第二部で、「確かに、この道具には使い方を誤ると困ったことが起こる。しかし、有効だ」というように書き、第三部で、その道具が効果的である理由を説明するといいでしょう。

また、「提言型」の場合には、「A型」を用いて書くこともできます。

第一部で道具について簡単に説明して、第二部で道具の特徴や機能、それがなぜ必要なのかをくわしく説明する形にするとうまく書けます。

ノーの視点を思いついたら「C型」、思いつかなかったら「A型」と考えてもいいでしょう。

例題

課題文の要旨

「パラリンピックの競技種目では、パートナーが競技者をサポートしている。ともに喜び、ともに走り、また、指示をしたり激励したりしてサポートしている」

設問

サポートを求めている人との共生を目指すために、あなたならどのようにするか、自分の考えを600字以内で述べなさい。

（北海道医療大学・心理科学部　2022年度）

解説

課題文には、パラリンピックの競技種目で障がいのある競技者をサポートしているパートナーの努力と、競技者とともに喜び合う姿が描かれています。

設問では、「サポートを求めている人との共生を目指すために、あなたならどのようなことをするか」と問われているわけですが、課題文に、サポートを求めている人との共生についてはっきりと書かれているわけではないので、何をどのように書けばよいのか迷う人もいるかもしれません。

これは、60ページで説明したタイプの問題です。

このような場合、課題文を書いた人が「サポートを求めている人との共生」についてどのように考えているか推測してみます。

そうすると、「パラリンピックの競技者のようなサポートを求めている人に対しては、本人の意思を尊重しながら、本人が求める場合に、必要な範囲内だけでサポートすることが望ましい」と考えていると推測できるでしょう。ですから、それを問題提起にすればいいのです。

字数は600字以内ですので、「C型」を使うことをおすすめします。

ただ、「このような形のサポートが望ましいか」というような、イエスかノーかを真正面から問う問題提起にしてしまうと、ノーの視点を見つけるのが難しいので、はじめに「私も、この課題文に描かれているようなサポートの形が望ましいと考える」とする書き方が望ましいでしょう。

そのうえで、第二部で、「実際にそのように行うのは難しい」「現実には、障がいのある人が何をどこまで求めているのかわかりにくい」「確かに、それだけで十分なわけではない」などとしたあと、「しかし、このような形のサポートが望ましい」と書きます。

そして、第三部で、「保護するような形のサポートではなく、対等な関係をつくっておいて、要望に応じてサポートするようにするべきだ」「ためらうことなくサポートを求められるような関係づくりが大事だ」というような論を示せばいいでしょう。

最後の第四部で、結論を示します。

ノーの視点が思いつかないときには「A型」で書くこともできますが、そうなると字数を満たすのが、かなり苦しいかもしれません。

例題

子どもに「どうして学校では勉強するの？」と訊《き》かれたら、どのように答えますか？（1200字程度）

（立教大学・文学部教育学科［自由選抜入試］2022年度）

解説

課題文はありません。論じる内容について指示があるだけの設問です。「どうして学校で勉強する（必要がある）のか」という子どもの疑問にどう答えるかと尋ねている問題です。

「子ども」というのが、自分の子どもという設定なのか、それとも一般論なのか、あるいは先生が教室で生徒たちに教える設定なのか、そして、ここでいう「子ども」とは何歳くらいの設定なのか、まったく示されていませんが、それは自由に設定していいのでしょう。

ポイントが2つあります。

ひとつは「勉強」です。**なぜ「勉強」をする必要があるのか**について考えます。

もうひとつは「学校」です。自宅や塾ではなく、**なぜ「学校」で勉強する必要があるのか**、それについても考えましょう。

「学校で勉強をする必要がある」という立場の意見としては、次のようなものが考えられるでしょう。

「勉強をするのは、自立して社会で生きていけるだけの知識と、人生を切り開く力を身につけるためだ。学校で同年代の人と一緒に学ぶことで、協調性や社会性を身につけることもできて、将来に役立つ」

「学校で勉強することで、同年代の人と協力し合ったり、競争したりして、いっそう学力を伸ばすことができる。そして、国民の一員として社会を築いていくうえで必要な教養や、新しい時代を築く力も身につけられる」

字数がかなり多いので、「C型」を用いるほうがよいでしょう。

第一部で問題提起をしたあと、第二部で、

「確かに、学校は勉強する場としてふさわしくないと考える人もいるので、場合によっては、無理してまで学校で勉強する必要はない。しかし、学校で勉強するのが最も妥当だ」

「確かに、学校で勉強することはすぐに役立つものではない。しかし、将来きっと、役に立つ」

などとします。そして、第三部で、理由を示します。

どうしてもノーの視点を思いつかないときには、「A型」を用いて、はじめに「学校で勉強をするべきだ」と示して、第二部で「第一に……、第二に……」などといくつかの項目に分けて、理由を示すこともできます。

なお、この問題は教育学科の問題ですので、「学校で勉強する必要はない」という方向では書かないほうがいいでしょう。

また、ここでは「子ども」に向けて語ることが求められているわけですから、文体を工夫する必要があります。

子どもに向けて話しかけているような文体にするとよいでしょう。この小論文問題では、そのような工夫も求められていると考えるべきです。

「ひとりの子どもに向けて語る」という設定で、

「そうか、君は、学校で勉強をする必要はないんじゃないかって思っているようだね。だったら、ちょっと考えてみようね。確かに、学校でなくても勉強はできるので、いじめにあったり、何か苦しいことがあったりして、学校に行けなくなったとしたら、無理に学校に行って勉強をする必要はないよ。自宅でも、ほかのところでも勉強することはできるからね。でも、学校に行くのが楽しいんだったら、学校で勉強するのがいいと思う」

というふうに書いてもいいでしょう。

あるいは、大勢の子どもたちを前に先生が教室で語っているという設定で、「みなさんは、こう思っているのでしょうか。でもね……」というふうに語りかける感じにしてもいいでしょう。

② 説明型

例題

課題文の要旨

スマートホンの使用状況のデータが図表で示されており、そこから、「どの世代の人も、スマートホンを使用している人のほうが、使用していない人よりも社会とのつながりを感じている」ということがわかる。

設問
読み取った事実について、その背景に関するあなたの考えを500字以内で述べなさい。

(宮城学院女子大学・学芸学部　2022年度)

解説

読み取った事実、つまり、「どの世代の人も、スマートホンを使用している人のほうが、使用していない人よりも社会とのつながりを感じている」ということの背景について考えを書くことが求められています。

背景について書くことが求められていますが、要するに、なぜスマートホンを使用している人のほうが社会とのつながりを感じているのか、その理由を問われていると考えていいでしょう。

「スマートホンを持っていると、社会的に重要なニュースを即座に知ることができ、それについてのさまざまな人の意見にもアクセスできる」

「スマートホンを通して、買い物をしたり、さまざまなものを鑑賞したりできる」

「社会についての自分の意見を発信して、多くの人と意見交換ができる」

「ゲームをする場合も、ほかの人とのつながりを感じることができる」

といったことが理由として挙げられるでしょう。

つまり、**スマートホンがあると、社会と双方向の関係を持つことができる**のです。

これはまさに社会とのつながりです。

字数が500字以内であまり多くありませんので、**「A型」**を用いて、第一部で、「背景にあるのは、スマートホンによって人々が社会と双方向の関係を持つことができることである」

「背景にあるのは、スマートホンを持つと、個人が放送局や新聞社を持っているのと同じような感覚になれることだ」

などとまとめて、第二部でそれをくわしく説明していきます。

例題

母語ではない言語によって書かれた文学作品を読解するにあたって、重要だと思うことを三つあげ、あなたの考えを述べなさい（字数指定なし）。

（法政大学・文学部　２０２２年度）

解説

課題文なしの問題です。

母語でない言語で書かれた文学作品を読むとき、たとえば、日本人が英語の小説などを読むとき、何が重要かを示すことが求められています。

重要だと思う点を複数挙げて考えを述べることを求められているわけですから、これも「説明型」の問題といっていいでしょう。

外国語で書かれた文学作品を読むときに重要なのは、まず、**❶外国語の意味を正確に理**

解することです。

そのためには、日本語に訳すのではなく、その言語として理解する必要があります。たとえば、英文の場合も、うしろからひっくり返して理解するのではなく、前から読んでいってこそ、文章の展開が理解できます。

次に、**❷文体を味わおうとする姿勢**も大事です。

日本語でしたら、「私は猫です」と「吾輩は猫である」のニュアンスの違いは容易にわかりますが、外国語だとそう簡単には理解できません。しかし、なるべくそれを理解しようとする姿勢が、深く作品を理解することにつながるでしょう。

また、**❸文化を知っておく**ことも大事です。

その土地の食べ物や飲み物、習慣などを知らないと作品を誤読することがあります。

牛丼屋さんで牛丼を食べる場面とフランス料理の店でフランス料理を食べる場面のニュアンスの違いは、日本人ならすぐにわかるはずですが、それと同じような描写が外国作品に出てきても、気づけないままで読み終わってしまう可能性があります。

また、**❹登場人物の信仰にも注意を向ける必要**があります。

ちょっとした描写で、その人の信仰がほのめかされることがあります。ところが、その意味するところが理解できないと、大事なポイントに気づけないまま小説を読み進めてしまうことになるのです。

ここに4点あげてみましたが、もちろん、ほかにもあるでしょう。これらのことをまとめます。

書き方として最も簡単なのは、3つのことを示すことが求められているわけですから、**「A型」を3つ重ねる形**です。

「第一に重要なのは……である」とはじめに書いて、次にそれについて説明します。

同様に「第二に重要なのは……」「第三に重要なのは……」と重ねるのです。

3 複数指示型

複数の指示がある問題も近年、増えています。

慶應義塾大学の環境情報学部や総合政策学部など、いくつかの学部でそのような傾向が顕著です。

自分の志望学部の傾向を調べ、対策をしておく必要があります。

例題

課題文の要旨

近年、フェイクニュース（うそのニュース）が増えている。パレスチナでの紛争、ウクライナでの戦争でも、うその情報が飛び交っている。新興国の貧しい地域ではうそのニュースを作って利益を得ている村もある。

設問

フェイクニュースが広く流れている世の中にあって、㋐世界では現在どのような対応策がとられているのか、㋑それはどの程度の効果を発揮するだろうとあなたは考えるのか、㋒このような時代を私たちはどのように生きていけばよいとあなたは考えるのか。上記の㋐〜㋒についてすべて言及して、六〇〇字以上八〇〇字以下で述べよ。

（中京大学・経営学部　２０２２年度）

解説

フェイクニュースといえば、タレントやスポーツ選手らについてのうその情報を流すことなども十分に深刻な人権問題ですが、政治家や、戦争に関するうその報道となると、大きな国際問題になりかねません。

それを防ぐために、ドイツなどでは、ニュースを最初に流した人、それを広めた人に対して重い刑罰を科しています。

しかし、そもそも、フェイクかどうかや、意図的なのか、そうではないのかは、判別がつきにくく、フェイクニュースをあまりに厳しく取り締まると、正しい情報まで取り締まることにつながりかねません。また、権力に都合の悪い情報をフェイクと決めつけて情報を発信した人を迫害することにつながる恐れもあります。

しかも、フェイクか否かを見極めるのには時間がかかり、その間にどんどん拡散しますので、いくら取り締まっても追いつけません。

このような時代において、私たちは、フェイクニュースを発信しない、「おや？」と思うような情報があっても飛びついたりせず、まずは疑ってみる、「いいね」をつけたり、リツイートしたりしないといった心構えをしておくことが必要です。

これは、指示の多い問題です。

このように指示が多い場合には、指示に従って順番に書いていくだけでも、それなりに構成できるはずです。

まずは、そのようにできないかと考えてみます。この問題の場合、㋐㋑㋒について順番に書いていけば文章が構成でき、まったく不整合はありません。

ただし、**3つの項目がうまくつながるように工夫する必要**があります。

まず㋐について、「現在、このような対策がとられている」と示します。

次に、㋑について、「しかし、このような問題があるために、効果は十分に得られないと思われる」などと説明します。

最後に㋒について、「だから、これから私たちは、このようなことに気をつけて生きていくべきだ」というふうにまとめます。

このようにすれば、全体のつながりがはっきりします。

例題

資料文

4つのかなり長い文章が、資料として示されています。

それぞれ、まったく別の視点から語る文章ですが、大きくいえば、人間性について語られています。

資料1では、人間の「共感力」を重視しています。

資料2では、外からどう見えるかで人間性が決定されることが、ロボットを使った演劇の経験から語られています。

資料3では、脳内で行われる無意識の処理を人間性ととらえています。

資料4では、人が服やモノを記号のように使って表現していることが説明されています。

問1

これからの30年で起こり得る社会システムの変容に、私たちの「人間性」はどのように影響されるでしょうか？　また、こうした「人間性」を自覚したうえで、あなたは未来社会においてどのように振る舞っていこうと考えますか？

合計１０００文字以内で、これからの「人間性」を論じるとともに、未来社会をよりよく生きるためのあなたの考えを述べてください。

問2

問1において導かれた4つの「人間性」を十分に理解したうえで、このうちのひとつ（または複数）を選択して議論を深めても、あらたな「人間性」を自身の生活のなかから見出して議論を展開しても構いません。

（慶應義塾大学・環境情報学部　2020年度　設問を一部改変）

解説

難解で、しかも膨大な資料がつく問題なので、次の解説を読んだだけでは理解するのが難しいと思いますが、このような入試問題があり、そのときには「このような手順で書けばよい」というヒントにしてください。

4つの資料文を読んで、これからの30年で起こり得る社会システムの変容に、私たちの「人間性」はどのように影響されるかを答えることが求められています。

「これからの30年」ということですから、少子高齢化、人口減少、グローバル化、AIの発展、情報化、資源枯渇などをキーワードに考えてください。そのような時代に、どのように人間性が変化するか、そして、未来世界をよりよく生きるためにどうするべきかを考えることが求められているのです。

資料文で語られている人間性を取り上げるとすれば、資料1の「共感力」に関しては、「グローバル化して外国人が増えると、共感力が重視されるようになる。そのような社会では、言葉だけに頼らずに他文化を許容するような態度も身につける必要がある」、資料2に関しては、「外国人が増えると、ジェスチャーを多用するようになり、それによって人間性を判断されるようになる。そのような社会では、表現力豊かに自己表現をするべきだ」、資料4の記号化については、「人口減少に伴う低成長のせいで、自分らしさを演出する意欲がなくなり、みんなが質素な服を着るようになる。このように、無駄なことにお金やエネルギーを使わないで、自然や家族との語らいを楽しむようにするのが望ましい」などといった意見が考えられるでしょう。

資料文で語られていない人間性として、「家族を愛する」という面を取り上げ、「さまざまな家族のあり方が認められるようになって、同じ愛するにしても、愛し方が変化して、これまでと同じような形での肉親を愛するというものではなくなる。そんな中、多様な愛のあり方を認めるような生き方をするべきだ」というふうに書くこともできるでしょう。

また、「人間性」を「所属意識」ととらえて、「グローバル化して、国籍についての意識が薄まり、自分の住む地域との関わりも減ると、所属によって自分を認識するという従来のあり方に変化が訪れる。そのような時代には、所属や地位ではなく、行動によって人間性が評価されるようになるべきだ」というような論を展開することも考えられます。

この設問にはいろいろと指示がありますが、基本は「人間性はどのように変化するのか」という一種の説明問題です。

1000字以内という字数ですので「C型」を使うのがいいでしょう。

第一部で、「これからグローバル社会になり、外国人が増える。その中で人間性は変化するだろうか」などと、これからの社会で人間性に影響が与えられるかどうかについて問題提起します。

このとき、「変化すると考えられる」というように、はじめから結論を書くほうが自然な場合もあります。

第二部で「確かに、変化するには時間がかかる」「確かに、変化は部分的かもしれない」「確かに、見た目にはさほど大きな変化はない」などとしたあとに、「しかし、変化するのは確実だ」と切り返して、第三部で、どのような変化なのか、その中でどう生きるべきかについて説明します。そして、最後の第四部で結論を示します。

第5章

練習問題をやってみよう！

この章では、これまで説明してきた内容の復習の意味も込めて、練習問題に取り組んでもらいます。

練習問題❶

以下は、ある課題文が与えられ、「なぜ、筆者はニュース番組のその場面を不快に思ったのでしょう。200字以内で説明してください」という指示がある設問に答えた例です。ほぼ同じような内容ですが、どれが答えとして好ましいでしょうか？

また、好ましくないと思われるものについては、その理由を考えてください。

❶衝撃的な事件であり、殺された人がいるのだから、ニュース番組では事実を淡々と伝えるべきであって、興味本位に扱うべきではないのに、このキャスターは、「女性の遺体が車から発見」「くわしくはCMのあとで」と言って、まるでサスペンスドラマのように、

視聴者の興味を引こうとしており、ニュース番組としてあるべき姿に反しているから。

❷衝撃的な事件であり、殺された人がいるのだから、ニュース番組では事実を淡々と伝えるべきであって、興味本位に扱うべきではない。それなのに、このキャスターは、「女性の遺体が車から発見」「くわしくはCMのあとで」と言って、まるでサスペンスドラマのように視聴者の興味を引こうとしている。そのためにニュース番組としてあるべき姿に反しているから。

❸筆者がニュース番組のその場面を不快に思ったのは、キャスターの発言が不適切だと思ったからである。衝撃的な事件であり、殺された人がいるのだから、事実を淡々と伝えるべきであって、興味本位に扱うべきではない。それなのに、このキャスターは、「女性の遺体が車から発見」「くわしくはCMのあとで」と言って、まるでサスペンスドラマのように、視聴者の興味を引こうとしていたから。

答え

好ましいのは❸。「なぜ……」という問いに対して、はじめにきちんと答えて、そのあと、それについて説明を加えている。

❶は、ひとつの文を150字以上続けているために、文章が不自然で読みにくい。100字ほどであれば、一文で書くのがいいが、それを超える場合、一文で書くのは避けたほうがよい。

❷は、最後の文の「……から」が不自然で、文をきちんと構成していない。

練習問題❷

次のようなテーマの課題文があり、それに対して次のような設問がありました。それぞれどのような問題提起にして小論文を書けばいいのかを考えてください。

❶課題文のテーマ

「現代社会では、効率が重視されているが、さまざまな弊害が生じている」

設問

課題文を読んで、これからの社会はどうあるべきかを論じなさい。

答え

「これからの社会では、効率を重視するのをやめるべきか」

解説

とてもオーソドックスな問題といえるでしょう。

課題文で効率重視による弊害について語っているのですから、この文章を書いた人はきっと、「これからの社会では効率重視をやめるべきだ」と考えているのでしょう。

ですから、その考えが正しいかどうかを判断することが求められているのです。

②課題文のテーマ

「日本のサッカー選手はチームプレーは得意だが、個人プレーが苦手だ。それは、日本社会の特性に原因がある」

設問

これからの日本社会はどうあるべきか。

答え

「これからの日本社会は、集団よりも個人を優先するべきか」

解説

これはサッカーを例にとって、日本の社会特有の集団主義について考えるように促している問題といえるでしょう。

ですから、日本社会の集団主義（個人よりも集団を優先して、みんなと一緒に行動しようとし、空気を読んでまわりの意見に合わせようとする傾向）について論じるのが最も妥当といえます。

実際の入試問題で答えを書くときには、サッカーなどのスポーツに限定しないで、日本社会のあらゆるシーンで個人の考えが軽視され、場の空気を読んだり、まわりに合わせたりすることをよしとする考え方がいまも根強く残っていることについても、触れる必要があります。

❸課題文のテーマ

「ＡＩが発達して、人間の能力を追い越しつつあり、多くの仕事がＡＩに奪われる恐れがある」

設問

先端技術と人間の関係について論じなさい。

答え

「AIをはじめとする先端技術は人間のためになるか」「AIをはじめとする先端技術は人間に害を及ぼすのか」「AIをはじめとする先端技術と人間の共存は可能か」

解説

「先端技術」には「AI」が含まれると考えてください。

AIを含む先端技術と人間の関係について論じる必要があります。

課題文では「AIに代表される先端技術が人間に不利益をもたらす可能性がある」と語っているわけですから、本当にそうなのか、人間に害を及ぼすのか、人間のためにならないのかを論じるのが妥当です。

ただし、AIが人間のためにならないという方向で書く場合には、それだけでは無責任な文章になってしまいますので、「研究を制限する国際法をつくる」といった、AIが人間を攻撃しないようにするための方法などについても触れるほうがよいでしょう。

④課題文のテーマ

「ナチスによるユダヤ人虐殺に加担した人全員が悪人だったわけでも、ユダヤ人を憎んでいたわけでもない。ただ、上官からの命令をとくに疑問に思わずに淡々と仕事をこなした人が大勢いた。そして、そのような人も裁判で有罪にされたが、それは当然のことである」

設問

人間の責任について論じなさい。

答え

「命令されて犯した罪についても、人間としての責任があるか」

解説

課題文中には、「人間の責任」という言葉はまったく出てこず、ナチスドイツの虐殺について書かれているだけです。

ですから、「人間の責任について」という設問に戸惑う人も多いでしょう。

このような場合、課題文の筆者が「人間の責任」についてどう考えているのかを推測してみましょう。おそらく、「上官に命令されて、とくに疑問に思わずに虐殺に加担した人にも、人間としての責任はある」と考えていることでしょう。

したがって、論じるべきなのは、命令されて行った行為について人間としての責任があるかどうかについてなのです。

この設問は、人間の責任という部分を、戦争中の上官の命令による虐殺、会社の上司の命令による汚職などの犯罪行為、などに置き換えることができます。

⑤課題文のテーマ

「家庭内での子どもの虐待が疑われるとき、児童相談所が状況を把握して問題解決にあたるが、児童相談所の係員には強制捜査の権限がないため、家庭内に強制的に立ち入ることができない。そのため、虐待が見過ごされ、不幸な事件につながることがある」

設問

私的領域と公的機関の関係について論じなさい。

答え

「児童相談所などの公的機関に、家庭などの私的領域に立ち入る権限を認めるべきか」

解説

課題文にあるように、児童相談所の係員は、家庭内に強制的に立ち入ることができず、家族が拒否するとそのまま帰るしかありません。

また、家庭内暴力の場合も、被害者からの訴えがない場合、たとえ警察官であっても家庭内に入るのは現在の法律では難しい状態です。

つまり、現在の法律では原則的に、「私的領域に公的機関は入り込むことができない」ということになっているのです。

したがって、この設問は、それでよいのかということを問いかけているわけです。

練習問題❸

次のような設問があります。
どのような構成にして小論文を書けばよいのかを考えてください。

設問①

日本でも徐々にキャッシュレスが広まってきました。
キャッシュレスの利点と欠点を600字以内で書きなさい。

答え

シンプルに指示に従って、二部構成にして、前半に利点を書き、後半に欠点を書く。それぞれ、「キャッシュレスの利点は……である」「キャッシュレスの欠点は……である」と書いて、次にその内容を書くというように、A型を応用する形にすると、すっきりまとまる。

解説

利点、欠点ともに、複数の内容を書くときには、「利点は三つある。第一に……」というように順序立てて書くことをおすすめします。

設問❷

30年後の日本社会で最も重視される能力とはどのようなものと考えられるか、800字程度で書きなさい。

答え

字数が多いので、「C型」を用いる。

第一部で30年後の日本社会がどのようなものになっていると考えられるか、そこではどのような能力が最も必要になっていると考えられるかを、短く書く。

そして、第二部で「確かに、ほかの能力も大事だ。しかし、この能力が最も大事だ」などと切り返して、第三部でその根拠を説明し、最後の第四部に結論を書く。

解説

30年後の日本社会として、多くの仕事がAIによってなされている社会や、グローバル化がさらに進んでさまざまな国籍の人が入り混じっている社会など、さまざまな想定ができます。

そこで、「AIに負けないためには、想像力が大事」「グローバル化が進展した社会では、多様な価値観の人たちと交流するためのコミュニケーション力が大事」などの説明ができるでしょう。

なお、字数が少ない場合や、反対意見を思いつかない場合は、「A型」を用いて、第一部で短く答えて、第二部でそれをくわしく説明する形をとるといいでしょう。

設問③

課題文（クラシック音楽のコンサートで、本を読みつづけている客や編み物をしている客を見て怒りを覚えたと記した文章）の筆者は、なぜこれらの人に対して怒ったのでしょう。300字以内で説明しなさい。

答え

「A型」を用いて、はじめに「この筆者が怒ったのは、客が音楽に集中しておらず、それが音楽という芸術に対して失礼な行為だと考えているからである」などと示して、そのあと、字数が許す限り説明を加える。

解説

300字以内ですから、基本的には「A型」を使うと考えていいでしょう。

もし、字数が多い場合は、第二部に、

「確かに、このような行為は誰かに迷惑をかけているわけではないので、筆者が怒るのは行きすぎの面もある」

「確かに、このような行為を演奏家が目にすると、不愉快な気分になって演奏の質が下がる恐れがある。しかし、それよりも筆者が怒っているのは、音楽という芸術に対する冒とくと考えているからだ」

などと書いて、第三部でくわしく説明するといいでしょう。

設問④

課題文（日本社会の格差拡大について説明した文章）を読んで、格差拡大の原因をそれぞれ300字以内で3つ示しなさい。

答え

A型を3つ重ねた形をとる。はじめに「第一の原因は……である」として、次にそれについて説明し、同様に、「第二の原因は……」と重ねていく。

解説

このタイプの問題の場合、課題文中に原因が示されている場合と、そうでない場合があります。

まずは、課題文中にあると考えて、探してみるべきです。ない場合には、知識で補足します。

設問⑤

課題文（日本における格差拡大について分析した文章）を読んで、日本における格差拡大の最大の原因について、あなたの意見を1000字以内でまとめなさい。

答え

「C型」を用いて、第一部で、「私は日本における格差拡大の最大の原因は……であると考える」と示す。

そのうえで、第二部で「確かに、ほかの原因もある。……である。しかし、最も大きなものは私の示したものである」として、第三部でその説明を加え、第四部の結論で念を押す形をとる。

解説

課題文中に書かれていない原因を思いついたのであれば、それを書くのが最も説得力がありますが、なかなかそれは難しいでしょう。

ですから通常は、課題文で触れられているもののひとつを、とくに重要な原因として示します。
そして、自分なりの説明や具体例を加えて、課題文の主張の一部に賛成する形をとります。

設問❻

課題文で示されているとおり、地域社会が破壊され、隣の人がどんな仕事をしているのかも知らず、一度も顔を合わせたこともないという人が増えています。地域社会を復活させるには、どのようなことをすればよいと思いますか。あなたのアイデアを示し、その問題点と実現するための方法について考えなさい（800字以内）。

答え

提言型の設問であり、字数が多いので、「C型」を用いて、第一部で「地域全体が盛り上がるようなイベントを定期的につくる」といった提言を示し、第二部で、「確かに、このイベントはかなりしっかりと計画しないと一時的なもので終わる恐れがある」と書いて、設問で指示されている「問題点」に言及する。

その後、「しかし、しっかりと取り組めば地域社会再生につながる」と切り返して、第三部でその根拠や具体的な方法を示す。

解説

課題文に書かれている内容をうまく答えに入れ込むことにも配慮する必要があります。「課題文で示された問題点は、この方法によって解決できる」というような要素を加えると、説得力が増します。

設問⑦

プロ野球の往年の名選手がテレビ番組で、東京オリンピックのボクシング競技で金メダルをとった女性選手について、「嫁入り前のお嬢ちゃんが顔を殴り合って。こんな競技好きな人がいるんだ?」といった発言をして問題になりました。

そのような考え方をする人に対して、この発言のどこが問題なのかを、600字以内で説明しなさい。

答え

「そのような考え方をする人」に対して説明することが求められていますので、そのような人に語りかけるように書く。

「C型」を用いて、第一部で、「このような発言はおかしいと思いますよ」などと示し、第二部で、「確かに、悪気なくそのようなことを言ったのでしょう。しかし、そこには差別意識が含まれています」などとして、第三部で、この発言の背景に女性差別の意識があることを説明する。

最後の結論では、この発言をした元プロ野球選手本人を語りかける相手として設定しなくてもいいが、このような考えをする人に語りかける感じで書く。

解説

第二部では、「確かに、かつてはそのような考え方をする人も多かったので、高齢者はそのように考えがちなのだろう」などとすると、説得力が増します。

このようなタイプの問題は、「C型」を用いて相手の言い分に配慮することで説得力が増します。

設問⑧

違法の無料マンガサイトで、小学校5年生のあなたの知人の子どもがマンガを読んでいます。

あなたはそれを知って、読むのをやめるように注意しましたが、その子どもは、友達はみんな読んでいると言って、納得しません。

小学5年生の子どもに理由を説明して、やめるように説得しなさい。

なお、その際、無料マンガサイトが社会的によくないだけでなく、子どもたち自身にとっても不利益になることを説明しなさい（800字以内）。

答え

「C型」を用いて、第一部で「無料マンガを読んでいいと思うのかい？」というような問題提起をして、第二部で「確かに、ただでマンガを読めるので、喜ぶ人も多いだろう。しかし、これは長い目で見るとよくないことなんだよ」などと進める。

そして、第三部で、これが著作権法違反に当たること、このようなサイトのせいで正当な報酬が漫画家に入らなくなって生活が成り立たなくなり、面白いマンガが生み出されにくくなって、子どもたちもやがて被害を受ける結果になることを説明する。

解説

子どもを相手に説得することが求められているので、かみ砕いてわかりやすく語る必要があります。

また、「著作権侵害は法律違反になる」で済ますのではなく、なぜ、それがよくないのか、なぜ、アイデアなどの権利を守る必要があるのかを説明するほうがいいでしょう。

設問⑨

課題文（SNSが一般化して、多くの人が利用していることを示す文章）を踏まえ、SNSが一般化したために生じている問題をひとつ取り上げて、その現状を説明し、それを改善するために私たちができることについて、その限界とともに、その実現性についてあなたの考えを述べなさい（800字以内）。

答え

「C型」を用いて、第一部で、SNSが一般化したために生じている問題（たとえば、誹謗中傷が増えていること、闇サイトによって犯罪に手を染める人が増えていること、いじめにつながっていることなど）を取り上げ、設問の指示に従って、現状を説明する。そのうえで、それを改善するための方法を提言する。

第二部で「確かに、それには限界がある」として、問題を改善するにはもっと抜本的な方法が必要だということを示したうえで、「しかし……」として、自分の提言した方法に一定の効果があると書く。

そして、第三部でその根拠や具体的な方法を語る。最後の第四部に結論を示す。

解説

「限界とともにその実現性を」という部分については、「確かに……しかし……」の表現を用いて、「確かに」のあとに限界を示して、「しかし」のあとで実現性を示すことができます。

なお、「私たちができること」とありますが、「私たち」というのが誰を指すのかがはっきりしません。

「専門家ではない、一般市民」という意味ととらえて、「一方的な情報にとらわれるのではなく、多方面から見るように心がける」などといった方法を書くのが望ましいでしょう。

設問⑩

はじめに課題文（企業の定年を40歳にするべきだと主張する文章）の要旨を示し、その後、筆者がなぜそのようなことを主張するのかを考察しなさい。

そのうえで、その筆者の考えについてのあなたの評価を示し、加えて、あなたがこの学部（経営学部）で学ぶにあたって、この問題についてどのように対応しようと思うかを示しなさい（600字以内）。

答え

「C型」を用いて、第一部で課題文の要旨を示し、なぜ筆者がそう考えたのかも示す。

そして第二部で、「筆者の考えは正しいか」と問題提起して、「確かに……しかし……」とつなげて、第三部で根拠を示す。

そのあと、第三部の後半で、「経営学部で経済の仕組みや経営のあり方を学んで、むしろ、定年を延長する方策や定年をなくす方策を探りたい」などとして、学部で学ぶことと結びつける。

解説

答えとして示したのが正攻法ですが、そのほか、第一部で要旨を示したあとにすぐに問題提起をして、「確かに、筆者の考えにも一理ある。筆者がこのように考えたのには、このような背景がある」というように、求められている「なぜ」について考察したうえで、それに反対して、次の段落で根拠を示す方法もあります。

このように、設問で求められていることを、第二部や第三部の中に、うまく入れるわけです。

【著者紹介】
樋口裕一（ひぐち　ゆういち）
1951年大分県生まれ。早稲田大学第一文学部卒業。多摩大学名誉教授。小学生から社会人までを対象にした通信添削による作文・小論文の専門塾「白藍塾」塾長。
著書に250万部のベストセラーになった『頭がいい人、悪い人の話し方』（PHP新書）のほか、『小論文これだけ！』（東洋経済新報社）、『読むだけ小論文』（学研）、『ぶっつけ小論文』（文英堂）、『ホンモノの文章力』（集英社新書）、『人の心を動かす文章術』（草思社）、『音楽で人は輝く』（集英社新書）、『65歳 何もしない勇気』（幻冬舎）など多数。

〈白藍塾問い合わせ先＆資料請求先〉
〒161-0033
東京都新宿区下落合1-5-18-208
白藍塾総合情報室（03-3369-1179）
https://hakuranjuku.co.jp
お電話での資料のお求めは
☎0120-890-195

小論文これだけ！書き方超基礎編 2
設問に的確に答える技術

2023年9月7日発行

著　者――樋口裕一
発行者――田北浩章
発行所――東洋経済新報社
〒103-8345　東京都中央区日本橋本石町 1-2-1
電話＝東洋経済コールセンター　03(6386)1040
https://toyokeizai.net/

装　丁…………豊島昭市（テンフォーティ）
ＤＴＰ…………アイランドコレクション
編集協力………松原大輔
編集アシスト……齋藤弘子
校　正…………加藤義廣／佐藤真由美
印　刷…………港北メディアサービス
製　本…………大口製本印刷
編集担当………中里有吾

Printed in Japan　ISBN 978-4-492-04741-5